KB232864

현대인을 위한

존 웨슬리의 메시지

세계복음화문제연구소
(The World Evangelization Research Center)는
한국 교회가
세계의 복음화를 위하여
한 모퉁이를 담당해야 된다는 사명으로
주후 1994년 4월 16일에 탄생되었습니다.

세계복음화문제연구소는
이러한 정신으로
다음과 같은 사역을 담당하고자 합니다.

1. 교 육 사 업
2. 출 판 사 업
3. 선 교 사 업
4. 국제교류사업

세계복음화문제연구소에 관한 문의는
아래의 주소로 하실 수 있습니다.
서울특별시 종로구 낙원동 284-6 낙원빌딩 340호
T. (02) 659-5822, 747-3991
F. (02) 659-9669

존 웨슬리의 메시지

스티븐 하퍼 지음
김석천 옮김

도서출판 세 복

John Wesley's Message
for Today

by

Steven Harper

차　　례

서　　문　　6

역자 서문　　9

1. 존 웨슬리를 만나자　　13

2. 문제의 뿌리 (원죄)　　25

3. 출발의 능력 (선행은총)　　37

4. 전환점 (회심의 은총)　　49

5. 변화 (구원의 결과)　　65

6. 지금 멈추지 말라 (은총 안에서의 성장)　　77

7. 모든 것의 중심 (그리스도인의 완전)　　93

8. 여정의 끝 (영화)　　111

9. 이제 모두 함께 (교회)　　123

10. 갱신 – 웨슬리의 방법　　135

각　　주　　147

웨슬리 연구를 위한 기초 참고 문헌　　157

서 　　　 문

　　웨슬리 연구에 진정한 르네상스가 일어나고 있다. 웨슬리 전통의 안팎에 있는 그리스도인들이 존 웨슬리를 연구하고 있다. 웨슬리의 전통 밖에 있는 사람에게 웨슬리는 에큐메니칼 관계를 위한 구심점으로 비추어진다. 웨슬리의 전통 안에 있는 사람에게 그는 신앙과 실천의 문제에 대한 안내자로 진지하게 다루어지고 있다. 우리의 관심을 끄는 사실은 웨슬리가 신학과 목회를 적절하게 조화시키고 있다는 점이다. 그의 제자화의 신학은 오늘날의 교회 성장과 갱신에 관한 강조와 잘 들어 맞는다.

　　나는 존 웨슬리를 널리 알리려는 목적으로 이 책을 썼다. 이 책의 자료들을 미리 검토해 준 많은 사람들 가운데 대다수가 다음과 같이 말하는 것을 들었다, "나는 평생 동안 감리교인1)이었는데, 존 웨슬리가 이런 것을 믿었는지 전혀 몰랐습니다!" 이러한 분들은 이 구동성으로 이 지식을 더 많은 사람들에게 알려야 한다고 나를 격려하였다. 따라서 이 책은 웨슬리주의의 르네상스를 일으키는 일에 한 부분이 되고자 하는 사람들에게 웨슬리를 알리기 위한 시도이다.

　　이 책의 중심은 "구원의 순서"(order of salvation)인데 웨슬리의 신학에 일관성있게 나타나고 있는 부분이다. 그의 신학은 역동적(dynamic)이라서 어느 부분이든지 그 앞에 오는 것과 뒤따르는 것과의 관계성 안에서 연구해야만 한다. 구원의 순서는 바로 이러한 연구를 가능하게 해 준다. 구원의 순서는 웨슬리를 상황에 비추어 연구할 수 있도록 도와준다.

　그러나 이 책은 18세기 웨슬리의 신학을 그대로 옮겨 놓는 이상의 것을 목표로 하고 있다. 이러한 시도는 자칫 웨슬리가 추구했던 신학의 역동성을 잃어버리게 만들 우려가 있다. 그러나 "죽은 정통"(dead orthodoxy)보다 그가 더 꺼린 것은 없었다. 따라서 우리는 이 책에서 뒤를 돌아다 보는 것을 중요한 원리로 삼지 않는다. 반대로 우리는 현재 (그리고 미래)를 본다. 그렇지만 웨슬리가 가지고 있는 기본 원리를 가지고 그렇게 바라볼 것이다. 물론 이렇게 하는 것이 쉽지는 않겠지만 가능한 일이라고 나는 믿는다. 왜냐하면 웨슬리는 성서적 기독교를 추구하였기 때문이다. 그의 신학이 성서적이라는 점에서 20세기를 살아가는 우리의 관심과 일치할 수 있다. 그러므로 이 책은 이미 역사 가운데 시험된 골격을 사용하여 현대인에게 말하고 있다.

　나는 학자들을 위하여 이 책을 쓰지 않았다. 웨슬리 자신의 삶의 모범을 따라, "평이한 언어로 평범한 사람들을 위하여" 쓰려고 노력하였다. 그렇지만 미주를 달아 썼으며 웨슬리의 원전에 관한 참고를 밝혔다. 이렇게 하여야만 웨슬리의 신학을 과거의 역사로부터 현재로 옮길 수 있다고 생각한다. 또한 이렇게 하여야만 웨슬리의 유산과 일치함을 증명할 수 있을 것이다. 미주는 더 이상의 연구를 원하는 사람들에게 유용한 출발점이 될 것이다. 또한 미주는 웨슬리 자신의 신학적 기초 위에 이 작업 전체를 올려놓는 안전장치의 구실도 할 것이다.

이 책이 묵상과 연구를 위하여 유용하게 사용되기를 바래서 매 장 끝에 토의를 돕기 위한 질문을 만들어 놓았다. 그리고 주제를 더 자세히 연구하려는 사람들을 위해 몇 가지의 도서를 제시하였다. 이 참고문헌 가운데 많은 부분이 웨슬리의 설교로부터 선택되었는데, 그의 설교야말로 그의 신학의 핵심을 발견할 수 있는 곳이라고 생각되기 때문이다. 웨슬리는 상아탑 안에서 신학을 하지 않았으며 오히려 시장의 한 복판에서 신학을 발전시켰다. 그의 신학은 삶에 중심을 둔 것이었지 관념에 물든 것이 아니었다. 그렇다고 웨슬리는 순수한 신학자가 아니라는 잘못된 결론을 성급하게 내리지는 말아야 한다. 그의 신학은 삶과 함께 맥박치며 그리스도가 주실 수 있는 삶을 더욱 풍성하게 하려는 관심과 함께 하는 신학이라는 의미이다.

다른 책들과 마찬가지로 이 책도 나 혼자만의 노력으로 이루어지지 않았다. 내 인생에 있어서 중요한 몇 분들에게 감사한다. 나의 사역 및 그와 관련된 학문적 발전에 이루 말할 수 없는 도움을 주신 에드 롭 박사님(Dr. Ed Robb)께 심심한 감사를 드린다. 프랑크 베이커 박사님(Dr. Frank Baker)은 웨슬리의 연구에 탐구할 수 있는 도구를 주셨을 뿐 아니라, 듀크 대학교(Duke University)

에서 웨슬리 연구로 박사과정을 공부할 수 있도록 계속하여 도와주
셨다. 마지막으로 나의 아내 제니(Jennie)에게 깊은 사랑과 감사
의 마음을 전한다. 오직 그녀만이 자신이 어떠한 희생과 도움 -깊
은 사랑의 마음에서 우러난- 을 베풀었는가를 안다. 또한 오직 나
만이 그녀를 아내로 맞은 것이 얼마나 큰 행운인가를 안다.

역 자 서 문

존 웨슬리의 신학에 관한 보다 "쉽고" "알찬" 책은 없을까? 이것은 지난 학기 동안 줄곧 나의 머리를 떠나지 않았던 생각이요 고민거리였다. 교재 내용이 어렵다는 학생들의 요구에 맞추기 위해 함께 고민하던 중 책장 한 곳에 묻어 두었던 스티브 하퍼(Steve Harper)의 책을 다시 손에 들게 되었다. 그리고 처음에는 강의 시간에 그의 책 내용을 소개하는 것에서 시작했으나 얼마 후 책 전체를 번역하기에 이르렀다. 번역이 진행되는 동안 나 자신이 많은 은혜를 받았으며, 목회자들과 평신도들에게도 적합한 책이라는 생각이 들었다. 따라서 나는 교실에 앉은 학생들을 머리 속에 그리는데 그치지 않고 여러 목회자와 웨슬리에 관심이 있는 평신도를 독자로 생각하며 이 책을 번역하였다. 웨슬리를 사랑하고 알기 원하는 평신도 여러분과 목회자들에게 일독을 권하고 싶다.

저자인 스티브 하퍼는 웨슬리의 신학 안에 일관되게 나타나고 있는 구원의 순서(order of salvation)를 중심으로 웨슬리의 신학을 전개하고 있다. 그러나 그는 마지막 두 장에서 교회론을 논함으로써 구원론 중심의 편중된 구조를 보완하고 있다. 저자는 몇 가지 점에 있어서 탁월한 면을 보여주고 있다. 첫째, 이 책은 본래의 웨슬리에 충실하면서도 현대적이다. 이 책의 제목이 시사하고 있는 것처럼 이 책은 과거의 웨슬리에만 관심하고 있지 않다. 저자는 줄곧 웨슬리와 현대를 살아가는 우리들과의 관계성을 전제로 내용을 전개해 나가고 있으며, 18 세기의 웨슬리를 오늘의 신학 현장으로 초대하여 대화가 가능하도록 하고 있다. 물론 그의 저서가 출간된 이후에 이루어진 극히 최근의 논의는 취급하지 못하고 있지만 본래의 웨슬리에 충실하면서도 충분히 현대적이라고 생각된다.

둘째, 저자는 학문적 요구와 영적인 요구에 모두 부응하고 있다. 저자는 성실하게 원전에 근거하여 그 출처를 밝히며 미주를 달아 썼으며, 동시에 웨슬리의 말 그대로 "평이한 언어로 평범한 사람을 위하여" 쓰고 있다. 우리는 이 책을 통하여 저자가 웨슬리 학자일 뿐 아니라 또한 기독교 영성 분야의 탁월한 학자이자 실천가임을 충분히 느낄 수 있다. 저자의 풍성한 영적 삶의 체험에서 나온 예화와 설명은 일견 평범한 듯 하지만 실은 대가(大家)만이 보여줄 수 있는 것이라고 생각된다.

셋째, 무엇보다도 그의 저서가 주는 매력은 웨슬리가 우리에게 전하려고 했을 것이라고 생각되는 웨슬리의 정신을 담고 있다는 점이다. 저자는 웨슬리를 전공한 학자답게 학문적 수준을 견지하고 있으며 동시에 웨슬리 자신이 전하려고 했던 영적 생명력을 잃지 않고 있다.

이 책을 번역하면서 독자들을 위해 몇가지의 작은 노력을 더하였다. 먼저, 각 장의 뒤에 소개된 참고도서가 영어 서적인 점을 감안하여 우리말 번역서를 가능한 대로 모두 찾아 표기 하였다. 또한 책의

마지막에 있는 참고문헌 목록에도 동일한 수고를 하였다. 그리고
저자 자신이 놀라울 정도로 평이하게 기술하고 있으나 아무래도 신
학적 내용을 다루고 있는 관계로, 전문적인 신학용어에 익숙치 않
은 독자들을 위해 역사적 혹은 신학적 보충설명이 필요하다고 생각
되는 부분에는 간략하게나마 역자의 주해를 첨가 하였다. 그러므로
이 번역서 가운데 포함된 〔 〕 안에 있는 부분은 모두 역자의 것 임
을 밝힌다. 이러한 노력이 저자의 말대로, 독자들이 웨슬리와 친밀
해 지는데 조금이라도 도움이 되기를 바란다.

존 웨슬리를 만나자

웨슬리는 미래의 교회를 위해 보화를 제공 했는데 만약 그
것을 외면한다면 교회는 빈약해 질 것이다.

알버트 아우틀러 (Albert Outler)

1

존 웨슬리를 만나자

존 웨슬리(John Wesley)와의 만남은 마치 대양을 탐사하는 것과 같아서 여러 가지 방법으로 그를 만날 수 있다. 얕은 곳을 걸어서 갈 수도 있고 깊은 곳을 다이빙하여 갈 수도 있다. 어떤 방법으로 찾아가든 거기에는 즐거움과 유익함이 있다. 여러 차례의 탐사를 한 이후에 새로운 발견을 하기 위하여 되돌아 갈 수도 있다.

웨슬리를 알아가는 것도 이와 같다. 그를 생전 처음 보는 것이든 아니면 일백 번을 보았든 그것은 정말로 문제가 되지 않는다. 어떤 경우이든 웨슬리를 알아 가는 당신의 삶은 더욱 풍성해질 것이다. 웨슬리를 연구하는 일은 계속해서 그에게로 돌아가게 하는 숨은 매력을 가지고 있다.

그렇지만 웨슬리주의의 전통에 서 있는 많은 사람들이 실제로 웨슬리 자신을 잘 모르고 있다는 사실은 매우 놀라운 일이다. 그들은 올더스게이트(Aldersgate)의 마음이 뜨거워졌던 체험에는 익숙하지만, 웨슬리에 대한 그들의 지식은 그 이상 나아가지 못한다. 이 사실은 평신도와 교역자의 모임들 가운데에서 확인되었다. 그 결과 "웨슬리주의"(Wesleyan)라고 불리는 것들 가운데 많은 부분이 이러한 유산과 비지성적으로 연결되어 있으며, 어떤 때는 웨슬리주의의 전통에 포함된 것이 실제로는 웨슬리와 전혀 무관한 경우도 있다.

존 웨슬리는 누구일까? 우리가 그를 만날 수 있을까? 웨슬리와의 만남이 기독교인으로서 우리의 삶을 달라지게 만들어 줄 수 있을까? 전기적(biographical) 차원에서 약간의 기본적인 사실들을 언급하는 것이 도움이 될 것이다.[1] 웨슬리는 1703년 6월 17일에 사무엘 웨슬리와 수잔나 웨슬리(Samuel and Susanna Wesley)의 15번째 자녀이자 두 번째 생존한 아들로 태어났다. 엡워드(Epworth)에서의 어린 시절은 대체적으로 그의 부모가 보여준 생활의 모범에 의해 양육되었는데, 특별히 수잔나가 사제관에서 주도한 교육 프로그램에 의해 훈련되었다.

여섯 살 때 웨슬리는 불타는 사제관에서 극적으로 구출되었는데 어머니 수잔나는 이 때 하나님의 손이 웨슬리에게 특별히 함께 하셨다고 믿었다. 따라서 수잔나는 이 아들을 양육하는 일에 특별한 책임감을 느꼈다. 이러한 마음가짐은 그녀의 일생 동안 영향을 미쳤다. 오늘날에도 엡워드에서의 웨슬리의 생활은 "감리교의 요람"이라고 바르게 간주되고 있다.[2]

주후 1713년 웨슬리는 차터하우스 스쿨(Charterhouse School)에 입학하기 위해 런던으로 갔다. 그의 생애의 다른 기간과 비교해 볼 때 차터하우스에서의 시간은 상대적으로 덜 중요하다. 그렇지만 그곳에 있는 기간에도 웨슬리는 매일 성서를 읽고 기도하는 일을 계속하였다.[3] 차터하우스에서 6년을 보낸 후 그는 옥스포드 대학교의 크라이스트 처치 대학 (Christ Church College at Oxford)에 진학하여, 그 곳에서 1726년에 문학사 학위를 받았다.

웨슬리의 초기 옥스포드 시절은 그의 영적 순례가 시작되었음을 보여준다. 1725년 제레미 테일러의『거룩한 삶』(Jeremy Taylor′s Holy Living)과 토마스 아 켐피스의 『그리스도를 본받아』

(Thomas a Kempis's Imitation of Christ)를 읽은 후 웨슬리는 그의 생애를 하나님께 헌신하기로 결심하였다.4) 그 이후 13년 간은 이 헌신에의 결심이 무엇을 의미하는가를 밝혀 내기 위한 고뇌에 찬 시도로 채워졌다. 그러나 지금은 유명해진, 1738년 5월 24일의 올더스게이트 체험에서 모든 것이 한꺼번에 해결되었다. 그 곳에서 웨슬리는 그의 믿음에 생명과 능력을 더하기 위해 필요했던 개인적 확신을 발견하였다.

이 때 이후로 웨슬리는 영국의 위대한 설교가요 조직가가 되었다. 군중은 그의 설교에 응답하였고 그는 자신이 조직한 연합 신도회 (United Societies)를 통하여 그들을 양육하려고 노력하였다. 이후 60년 간의 여생을 웨슬리는 여행하고 설교하며 끊임없이 활동하였는데, 무려 25만 마일 이상을 (주로 말을 타고) 여행 하였으며 4만 4천번 이상 설교할 기회를 가졌다. 어윈 폴 루돌프 (Erwin Paul Rudolf)는 이렇게 평하였다, "웨슬리의 사역을 통하여 우리는 위대한 설교가요, 지칠 줄 모르는 일꾼이요, 대중적이지만 전제적(專制的)인 지도자의 모습을 본다. 그는 빈틈없는 정신을 가지고 있지만 유머를 할 줄 알며 하나님께 대한 사명감으로 충만한 사람이다."5)

웨슬리는 1791년 3월 2일에 수고를 그치고 안식을 취하였다. 그가 남긴 마지막 말은 그가 살았던 삶의 내용이 무엇인지를 나타내 줄 뿐아니라 다른 사람들이 어떻게 살기를 바랬는가를 보여 준다. 웨슬리는 "무엇보다도 가장 좋은 것은 하나님이 우리와 함께 하심이다!"라고 말하며 운명했다.

이러한 사실들이 중요하지만 이러한 것만으로는 인간 웨슬리를 완전히 설명하지 못한다. 만약 우리가 지금 "존 웨슬리를 만나려고"

한다면 반드시 알아야 할 다른 내용이 있다. 나의 경우 가장 중요하다고 생각되는 웨슬리의 면모는 신앙의 길을 함께 걷는 같은 순례자라는 사실이다. 그는 우리와 마찬가지로 생명력 있는 신앙을 추구하였다. 그의 일기와 편지를 읽어보면 이러한 사실을 분명하게 알 수 있을 것이다. 웨슬리는 우리와 마찬가지로 고뇌에 직면하였으며, 또한 실수를 범했다. 웨슬리는 의심과 낙망의 때에 회의를 품었다. 반면에 그는 승리의 득의(得意)도 알았다. 실제적으로 웨슬리는 우리와 같은 사람이었다.

더 나아가 웨슬리는 실천적인 신학자(practical theologian)였다. 이것은 그가 학자의 수준에서 신학을 알지 못했다거나 그의 시대의 무게 있는 신학적 문제를 다룰 능력이 없었다는 의미가 아니다. 그의 글, "이성적이고 종교적인 사람들에 대한 호소"(Appeals to Men of Reason and Religion)를 한 번만 읽어보면 충분히 그러한 생각을 떨쳐버리게 될 것이다.[6] 웨슬리가 실천적이라는 말이 의미하는 바는 일상적인 삶에서 역사하는, 믿음을 계발하는데 최고의 관심이 있었다는 의미이다. 웨슬리는 인간의 경험에 의해 확증되는 "성서적 기독교"를 추구하였다. 웨슬리의 신학이 성서적이었다는 사실은 그의 신학을 한 시대에 국한되지 않는 것으로 만들었다. 경험에 의해 확증된 신학이라는 사실은 상아탑 안의 신학이 때로 갖지 못하는 권위를 웨슬리에게 주었다. 웨슬리의 신학은 실생활에서 증명된 결과 효과적인 것으로 판명된 신학이다.

웨슬리를 아는 것은 또한 강력하고 의미 있는 훈련이 어떤 것인지를 아는 것이다. 웨슬리에게는 매일이 의미있는 날이었으며 매 순간이 "하나님의 순간"이었다. 그러므로 그는 매일을 기도와 성서 연구와 경건을 위한 영적 훈련으로 보냈다. 그렇지만 훈련이 목적 자체는 아니었다. 훈련은 하나님과 생명력 있는 관계를 유지하기 위한 수단이었으며 하나님과의 관계로부터 열매맺게 되는 능력이었다.

감리회 운동이 성장하기 시작하자 웨슬리는 동일한 훈련의 정신을 그의 추종자들에게 주입하려고 하였다. 명백한 훈련의 원리 위에 조(band)와 속회(class)와 신도회(society)가 모두 조직되었다.7) 회원에게는 훈련에 따라 살아야 할 책임이 주어졌다. 개인적이면서 또한 협동적인 훈련이라는 면에서 볼 때, 초기 감리회는 현대의 교회 생활이 보여주기에 실패한 생명력과 안정성의 양쪽을 모두 가지고 있었다. 웨슬리를 아는 것은 이와 같은 말을 스스로 실천한 사람을 아는 것이다. "혼과 몸은 인간을 만들고, 영과 훈련은 그리스도인을 만든다."8)

이 책을 읽으면서 "매일"이라는 단어를 마음에 두어야 한다. 웨슬리의 생애와 신학은 맥박이 뛰듯이 이 단어와 함께한다. 무려 60년이 넘도록 그는 신실하게 경건한 삶을 살았다. 웨슬리는 우리에게 그와 동일한 삶을 요구한다. 그는 우리에게 기독교를 여러 부문으로 구분하는 어떠한 개념도 깨뜨릴 것을 요구한다. 예수는 주님이시다! 모든 순간을 그리스도의 현존 안에서 살아야 한다. 우리는 그의 방법대로 완전히 똑같이 행하지는 못할지라도 그의 훈련을 본받기 위해 애쓰며 노력해야 한다.

존 웨슬리를 알려면 우리는 그를 공동체의 개념 안에서 보아야 한다. 웨슬리는 최고와 최상의 의미에서 교회를 중요하게 여기는 교인이었다. 흔히 그는 영국국교회의 불평분자로서 새로운 교회를 시작할 기회를 찾고 있었던 것으로 오해되었다. 그러나 그는 영국국교도로 살았고 그리고 죽었다. 웨슬리는 새로운 교파를 창설하려고 하지 않았으며 이렇게 하려는 그의 추종자들을 만류하였다.[9] 1744년 웨슬리에 의해 주도되었던 첫 감리회 연회에서, 그는 영국국교회에 대한 그의 충성을 선언하였으며 감리회원들로 하여금 "설교된 말씀과 집행된 성례전"에 빠지지 말고 출석할 것을 권고하였다.[10] 웨슬리의 전 생애에 걸쳐서 감리회는 보다 큰 교회였던 영국국교회 안의 갱신 운동이었다.[11]

이와 더불어 동일하게 강조되어야 할 중요한 점이 있는데 그것은 웨슬리가 종국적 충성을 바친 대상이 하나님이었다는 사실이다. 웨슬리는 영국국교회를 더 할 나위없이 사랑하였지만 하나님을 그보다 더 사랑하였다. 교회가 잘못된 길로 들어선다고 생각할 때 웨슬리는 거기에 반대하였다. 그는 진정한 "종교개혁의 아들"이었다. 이 모든 것에서 강조되어야 할 요점은 영국국교회와 웨슬리의 불일치는 제도적인 것이 아니었고 성서적인 것이었다는 사실이다. 웨슬리는 18세기의 영국국교회가 중요한 성서적 규범으로부터 벗어나 있다고 생각했으며,[12] 감리교 운동을 "영국국교회의 평이하고 오래된 종교"라고 단순하게 묘사하였다.[13] 웨슬리의 목표는 이탈이 아니라 갱신이었다. 영국국교회 *안에서* 갱신이 일어날 수 있기를 웨슬리는 끊임없이 기도하였다. 교회 역사는 결국 그렇게 되지 못하였지만 웨슬리의 의도는 결코 그러한 것이 아니었다. 웨슬리를 아는 것은 교회를 중요하게 여긴 사람으로 그를 아는 것이다.

교회를 중요하게 여기는 웨슬리의 정신은 당시의 교리적 형식보다 성서에 기초하고 있기 때문에[14] 그의 신학은 역동성을 갖는다. 웨슬리는 정체된 정통주의를 혐오하였다.[15] 그는 성령의 지속적인 현존에 의해 "에너지가 충족되는" 성서적 기독교를 추구하였다. 그의 신학은 18세기로부터 온 것이지만 거기에 얽매어 있지 않다. 나

아가서 그의 신학은 기독교인의 경험과 조화를 이룬다.『표준 설교
집』(Standard Sermons)의 서문에서, 그는 "나는 한 가지 일 -
곧 하늘에 이르는 길을 알기 원한다"라고 기록하였다.16) 웨슬리에
게 그 "길"은 죄로부터 영화로 움직이는 역동적인 것이었다. 나는
이 책 가운데 "구원의 순서"-웨슬리 자신의 글 가운데 나타난 순서-
를 다루는 장에서, 웨슬리 신학의 이러한 구원론적 면모를 포착하
려고 노력하였다. 웨슬리는 공적인 조직신학서를 쓰지 않았으나 그
의 저술에는 항상 조직성과 일관성이 있었다. 이 책의 구성이 이러
한 면에서 웨슬리를 아는데 도움이 되기를 바란다.

마지막으로, 웨슬리를 안다는 것은 우리가 읽고 이해할 수 있는
사람을 아는 것이다. 의도적으로 그는 복잡한 신학적 용어를 회피
하였다. 그는 이렇게 기록하였다, "나는 평범한 사람을 위한 평이한
말을 원합니다. 따라서 의도적으로 나는 모든 훌륭하고 철학적인
사색을 삼갑니다."17) 앞에서 주목하여 보았듯, 웨슬리는 필요할 때
에는 고도로 지성적인 수준에서 신학을 다룰 수 있었다. 그러나 일
반적으로 웨슬리는 이해가 가능한 방법으로 보통 사람들과 소통하
기를 원하였다. 만약에 지금까지 당신이 신학서적의 독서를 회피하
여 왔다고 할지라도 웨슬리를 읽으면 유쾌한 경이로움을 맛 볼 수
있을 것이다. 또한 웨슬리의 단순함이 당신의 지성을 무시하는 일
은 없을 것이며 오히려 만족시켜 줄 것이다. 그의 삶 중심의 원리는
삶의 현장 가운데 있는 당신에게 접근해 갈 것이며 믿음과 행동을
심사숙고 하도록 만들 것이다. 이 책을 읽어 가면서 이러한 경험을
하기 바란다. 웨슬리야말로 당신이 이러한 경험을 하기 바랐을 것
이다.

존 웨슬리와 친밀해지는데 이번 장(章)이 도움이 되었을 줄 믿는

다. 이런 친밀한 관계는 뒤 따르는 자료들을 계속적으로 읽게 할 것이며 풍성한 결실을 얻게 할 것이다. 사실상 뒤따르는 장들은 각각 분리하여 읽어서는 안된다. 웨슬리는 그의 메시지를 이해하는데 그칠 뿐 아니라 그의 메시지에 감화되기를 원할 것이다. 웨슬리는 당신이 그의 메시지의 중심인 그리스도를 체험하기 원할 것이다. 여러번 반복하여 웨슬리는 "그리스도를 제공하였다"라고 기록하였다. 여기 재구성된 그의 메시지를 통하여 웨슬리는 그리스도를 당신에게 다시 제공하고 있다.

토의를 돕기 위한 질문

1. 여러분의 경험에 비추어 볼 때 웨슬리주의의 전통에 속한 사람들도 웨슬리를 잘 모르고 있다는 저자의 주장을 어떻게 생각합니까? 이 의견에 동의하십니까? 또한 여러분이 만약 웨슬리주의의 전통에 속하지 않았다면 여러분이 속한 전통의 사람들은 웨슬리를 얼마나 잘 알고 있습니까?

2. 웨슬리의 생애와 신학의 여러 면모 가운데 어떤 점들이 마음에 듭니까? 그 이유는 무엇입니까?

더 깊은 연구를 위하여

Albert Outler, *John Wesley* (New York: Oxford, 1964).

스케빙턴 우드, 『존 웨슬리: 위대한 전도자』 김선도 역 『존 웨슬리 총서』 제4권 (서울: 웨슬레 사업회, 1976).

문제의 뿌리
(원죄)

웨슬리는 결론짓기를, 보편적 죄의 교리야말로 기독교와 이교
를 구분하는 근본적인 차이라고 하였다.

마르틴 슈미트 (Martin Schmidt)

2

문제의 뿌리
（원　　죄）

인류에게 무엇인가 잘못되어 있다는 것을 알기 위하여 반드시 기독교인이 될 필요는 없다. 인간이 인간에 대하여 저지르는, 과격하고 때로 예측 불허한 비인간적 경험에 직면하여 이 시대의 가장 탁월한 사회 분석가들도 놀라고 있다. 전세계의 정치가들은 인간의 기본권을 수호할 것을 주장하고 있다. 불길한 핵구름이 내내 머리 위를 덮고 있어서 온 지구가 완전히 멸망 할지도 모른다는 불안감을 주고 있다. 모든 사람들이 "무엇이 잘못 되었는가?" 하는 질문을 받고 있는 듯 하다.

　존 웨슬리도 그의 세기를 바라 보면서 동일한 질문을 하였다. 근본적인 문제는 인간의 죄성(human sinfulness)에 있다고 웨슬리는 결론을 내렸다. 흥미롭게도, 웨슬리의 이런 면은 그의 사랑에 대한 강조 때문에 종종 가려졌다. 웨슬리가 하나님의 사랑을 신학의 중심원리로 강조한 것은 사실이지만, 다른 요소들이 간과되는 가운데 사랑만이 강조될 때에 주어지는 위험 또한 알고 있었다. 조셉 카운리(Joseph Cownly)에게 보낸 편지에서 웨슬리는 이 점을 분명하게 밝히고 있다:

하나님의 사랑을 항상 설교할 수 있음은 나에게나 또한 당신에게
나 매우 즐거운 일이 아닙니까? 그러나 〔하나님의 사랑 이외의〕
다른 것에 대하여 전혀 설교하지 않는 것은 잘못된 것이며 비성서
적인 것입니다.... 대다수의 청중은 살찌우기 전에 먼저 깨끗해져
야 합니다. 그렇지 않으면 오히려 병을 길러주게 됩니다. 모든 꿀
〔회개는 전혀 언급하지 않은 채, 오직 하나님의 사랑만을 설교하
는 것〕을 조심하십시오. 이것은 최상의 극단입니다만 분명히 하
나의 극단입니다.1)

웨슬리의 사랑의 신학이 감상주의가 아니었다는 것을 위의 진술
이 분명하게 보여주고 있다. 사랑은 최소한 두 가지의 근원적인 사
고 위에 기초하고 있다. 첫째로, 하나님은 인간을 피조물 중 최고의
것으로 사랑하셨다고 웨슬리는 믿었다. 웨슬리는 인간의 원의
(original righteousness)를 믿었다.2) 그는 이 확신을 다른 말
로 표현하였는데, "하나님께서 그〔아담〕에게 살아있는 영혼을 불어
넣으시던 것과 동일한 숨결로, 그에게 의로운 영혼을 불어 넣으셨
다. 이 의는 도덕률(moral law)에 대하여 갖게 되는 그분의 영의
모든 기능과 능력의 집합체였다."3) 이 원의(原義)에 대한 확신이
웨슬리로 하여금 하나님의 사랑을 믿을 수 있게 하는 첫째 이유가
되었다.

그러나 둘째로, 인간의 죄 가운데 표현된 것이 사랑이었다. 『신
약성서 주해』(Notes upon the New Testament)에서 웨슬리는
인간의 본성과 기질, 그리고 행동과 관계된 죄의 보편성을 확증하
였다.4) 인간 존재의 어느 부분도 이 추악함으로부터 벗어날 수 없
었다. 이 견해는 웨슬리의 사랑의 신학에 권위있는 근거를 제공한
다. 하나님을 거부하는 면전에 제공된 것이 사랑이다. 사랑은 무엇
을 대가로 얻을 희망 앞에 표현된 것이 아니었으며5), 오히려 반역

과 증오가 지배하는 곳에 표현된 것이었다.

그러므로 웨슬리를 이해하는 첫 걸음은 인간의 죄성의 깊이와 비극을 이해하는 것이다. 웨슬리는 "죄로부터의 구원을 말하지 않는 복음을 알지 못한다"고 말했다.6) 죄에 대한 이러한 심각한 견해는 죄를 축소하거나 보편적 인류의 죄성을 무시하기 위해 사랑의 그림이 그려지는 경향이 있던 시대에 고려되었다. 그러므로 웨슬리의 위대한 사랑의 선포는 언제나 〔죄로부터의 구원이〕 절실히 요구되었던 당시의 시대적 배경에 비추어 해석되어야 한다.

그런데 죄란 무엇일까? 우리는 여기서 잠시 멈추어 서서 우리의 입장을 돌아보아야 한다. 웨슬리에게 있어서, 죄란 굴딱지가 배의 몸체에 달라 붙는 것처럼 인간의 본성에 달라 붙은 어떤 신비스러운 영적 실존이 아니다. 오히려 웨슬리는 죄를 관계적인 용어로 말하였다. 그의 고전적인 정의에 따르면, 죄는 "사랑의 법을 자발적으로 파괴하는 모든 행위"이다.7) 죄는 그 근본에 있어서 파괴된 관계인데, 그 파괴성은 이웃을 향하여 혹은 하나님을 향하여 표출된다. 그리고 중요한 것은 그 파괴가 의식적이고 의도적인 것이라는 사실이다. 웨슬리에게 있어서 죄는 당신에게 살금살금 달려드는 무엇이 아니라 바로 당신 자신으로부터 나오는 것이다.

죄의 결과는 질병이다. 웨슬리가 즐겨 사용한 용어는 부패(corruption)라는 말이다. 죄 때문에 인간성은 병들어 죽어가고 있다. 웨슬리의 죄에 대한 정의는 인과관계(因果關係)를 내포하고 있다. 죄의 원인은 의도적 범행이고, 죄의 결과는 질병이다. 죄로 말미암은 질병은 "모든 인간에게 퍼졌으며 여기에 감염되지 않은 사람은 없다."8) 다시 말해서 죄는 우리들이 범하는 어떤 행동보다도 더 깊이 나아가는 것임을 의미한다. 성서는 우리가 죄의 행위를 행했기 때문에 죄인이라고 말하지 않고, 우리가 죄인이므로 죄의 행위를 행한다고 말한다. 죄는 인간됨됨이의 근원을 친 것이었다.

웨슬리는 아담이 타락하기 전에는 완전한 상태에 있었다고 믿었다. 아담은 하나님이 의도하셨던 그대로 하나님의 형상을 완전하게 지녔다. 그렇지만 타락할 때 "하나님의 형상"(the imago dei)은 철저하게 손상되었다. 하나님 형상의 도덕적인 면은 상실되었다.9) 하나님 형상의 자연적인 면 또한 극도로 흐려졌으나 완전히 파괴되지는 않았다. 인간성은 어느 정도의 이성과 감정과 의지를 유지하였는데, 그렇지만 심각하게 오염되었기 때문에 인간성 자체로는 오히려 전체적인 화를 자초하게 할 뿐이었다. 인간은 이러한 기능들을 사용하여서는 하나님께 나아갈 수 없었다. 간략하게 말하면, 인간의 영 안에 있는 하나님의 생명은 사실상 소멸되었다. 웨슬리는 이렇게 표현하였다, "영광이 그로부터 떠나 버렸다."10) 하나님과 인간의 친밀성은 사라졌다. 분리가 그 결과로 주어졌다. 죽음에 이르는 영적 질병이 바로 인간의 상태였다.

이런 종류의 사고는 오늘날의 사고와 맞지 않는다. 우리 사회의 어떤 이들은 죄의 객관적 실재를 온통 부인한다. 다른 이들은 죄를 선(善)의 결핍이라는 철학적 용어로 설명하려고 시도한다. 그래서 죄의 개념 자체가 "실수"라든가 "완전한 사람은 없다"는 말들로 인해서 약화되어 버리는 경우가 많다. 아마도 사람들은 이런 종류의 죄에 대한 견해에 점점 익숙하게 될 것이다. 하지만 웨슬리의 시대에도 역시 그러한 일이 일어났다. 웨슬리는 "인간의 본성을 헐뜯는 어떤 말을 하는 것은 이 시대의 유행에 매우 적합치 못한 일이다"라고 기록하였다.11)

그러나 18세기의 안일한 낙관주의도 웨슬리로 하여금 그가 본

그대로의 인간 모습을 외치는 것을 금할 수 없었다. 그것은 오늘의 우리들도 막을 수 없다. 우리는 비관주의의 관점에서가 아니라 사실주의적 관점에서 죄의 실재와 위험에 대하여 새롭게 선언해야 할 필요가 있다. 왜냐하면 여러분이 아는대로 우리는 구원을 필요로 할 때에만 구세주를 필요로 하며, 우리 자신을 스스로 구원할 수 없을 때에야 구세주를 필요로 하기 때문이다. 이점이 바로 웨슬리가 그의 죄관에서 우리에게 알리고자 하는 내용이다.

웨슬리는 죄의 보편성을 강조함으로 그의 견해를 확고히 하고 있다. 웨슬리는 죄의 본성을 언급할 뿐 아니라, 모든 사람이 죄에 감염되었음을 분명히 밝히고 있다. 모든 사람들이 죄를 범하였다. 웨슬리는 우리가 어떻게 아담의 원죄에 동참하게 되는가에 대하여는 말하지 않았다. 오히려 우리 모두는 아무튼 아담 안에서 죽었다고 했다.12) 웨슬리는 이 사실을 추론을 근거로 말하지 않고 인간의 행실을 증거로 들어 말하고 있다 .

웨슬리는 여기서 모든 사람에게 죄인으로 알려진 "추잡한 죄인들"을 지적하는 것으로 만족하지 않는다. 웨슬리는 훌륭한 사람도 회개하고 구원 받아야 할 것을 요청한다. 웨슬리는 한 사람이 외적으로는 존경받을 만한 생활을 하면서도 여전히 구원받지 못한 상태에 있을 수 있음을 알고 있었다. 하나님과 상관 없이 사는 사람은 그가 추잡하든지 아니면 존경받을만 하든지 죄의 보편성을 예증하여 주고 있다. 이러한 종류의 죄는 고요하지만 뿌리 깊은 것이다. 죄는 휴식하지 않는다. 어느 누구도 면역되도록 남겨두지 않는다. 웨슬리가 즐겨 사용한 귀절 중 하나가 창세기 6장 5절 인데, 이 본문은 인간의 마음이 지속적으로 악에게 공격당하고 있음을 보여주고 있다. 그의 동생 찰스 웨슬리는 보다 더 시적인 표현으로 죄를

표현하여, 인간성을 "죄 짓는 경향"이라고 묘사하였다.13)

이 교리가 함축하고 있는 내용은 무엇일까? 그것은 매우 단순한 것이다. 죄가 만약 "물건"(thing)이라면 우리는 그것을 제거하거나 잘라버릴 어떤 방법을 발견할 수 있을 것이다. 그러나 죄는 우리 인간성의 감염이기 때문에 유일한 해결책은 변화되는 것 뿐이다. 우리는 아무리 열심히 노력하여도, 지식을 많이 쌓아도, 마음을 다해 예배하여도, 최선을 다해 일한다고 하여도 우리 자신을 치유할 수 없다. 외부로부터의 도움만이 유일한 해결책이다.

나는 은둔자가 되어 살기 위해 사막으로 간 사람에 관한 이야기를 읽은 적이 있다. 그는 그렇게 하면 자신을 "이 죄 많은 세상"으로부터 구원할 수 있다고 생각했다. 그러나 그 사람은 사막에 오래 머물지 못하고 돌아오면서 이렇게 말하였다, "나는 죄로부터 도망칠 수 없었습니다. 왜냐하면 죄는 내 안에 있었기 때문입니다. 어느 곳을 가든지 그 곳에 죄인인 내가 있었습니다." 나는 여행사 매표구 앞으로 미친 듯이 뛰어 들어가 몇 백 달러를 카운터에 올려 놓고 이렇게 말했다는 한 여성의 이야기를 들었다, "이 돈을 사용해서 사흘 안에 돌아올 수 있는 아무 곳에나 보내 주세요. 단 한 순간도 이곳에 더 참고 있을 수가 없어요."

죄의 문제는 다름이 아니라 인간 됨됨이의 본질을 감염시키는 문제임을 볼 수 있게 되었다. 우리 자신을 죄로부터 멀어지게 하려는 어떤 시도도 무용한 연습일 뿐이다. 해결책은 변화이지 도피가 아니다. 웨슬리는 죄를 "물건"처럼 취급 하려는 우리의 무익한 노력으로부터 벗어나도록 도와준다. 웨슬리는 그 중심에 있어서 죄가 질병임을 우리에게 일깨워 준다. 치유만이 유일한 해결책이다.

이것이 웨슬리의 신학에 나타난 죄의 본성이다. 이렇게 전염되어

나가는 것이 무엇이든 그것이 확실한 결과를 가져 오리라는 것을 우리는 자연스럽게 추정할 수 있다. 웨슬리는 그의 글 가운데 이러한 죄의 결과에 대하여 언급하고 있다. 첫째, 죄는 우리로 하여금 하나님을 향하여 죽게 만든다고 웨슬리는 말한다. 그는 타락을 영혼이 죽게 되는 것이라고 말했다.14) 이 영혼의 죽음이라는 풍자는 그것이 안전과 평화에 대한 거짓된 감각을 가져다 준다는 뜻이다. 웨슬리는 이 사실을 이렇게 말하고 있다, "불행하게도 깨우침을 받지 못한 죄인은 그 자신에 대하여 알지 못한다. 그는 자신이 타락한 영혼임을 알지 못한다. 그 자신은 질병으로 가득차 있으면서 자신이 완전히 건강한 상태에 있다는 망상을 갖는다."15)

이보다 더 위험스러운 사실은 영의 죽음이 매우 활동적인 상태라는 것이다. 웨슬리는 영적 죽음을 악한 뿌리로부터 뻗어나온 가지로 비유하고 있다. 이 가지는 불신, 방종, 자만, 허영, 야망, 탐심, 음욕, 분노, 질투, 슬픔 등의 열매를 맺는다.16) 웨슬리는 나아가서 이런 상태를 만약 그대로 방치한다면 영원한 죽음에 이르게 된다고 말했다.

죄의 두 번째 결과는 자기 스스로를 속박하는 것이다. 웨슬리에게 있어서 이것은 하나님께 대하여 죽어 있기 때문에 주어지는 논리적인 귀결이다. 만약 한 사람이 정말로 하나님께 대하여 죽었다면, 유일한 선택은 자신 안으로 들어가 스스로를 "신"으로 만드는 길 밖에 없다. 웨슬리는 인간이 바로 그렇게 하고 있음을 보았으며 그것도 자유라는 이름 아래 그렇게 행하는 것이었다. 아이로니칼하게도 소위 자유는 노예상태의 가장 추악한 형태이다. 자신의 모습보다 더 위대한 인생의 모습을 필요로 하기에 인간은 바로 그 자신의 이성의 한계 안에 갇혀 있다. 자신의 능력 이상을 필요로 하기에, 그는 자신의 약함에 스스로를 희생시키고 마는 자신을 발견하게 된다. 어떤 사람은 이렇게 말하고 있다, "나는 내 영혼의 선장(captain)일지 모르나 내 자신을 같은 궤도에서 계속 맴돌게 하고 있을 뿐이다."

죄의 세 번째 결과는 변화에 대처할 수 없다는 것이다. 웨슬리가 하나님의 형상이 완전히 파괴되었다고 믿지는 않았다고 하더라도 인간에게 자신을 다시 살릴 수 있는 능력이 전혀 없다고 믿었다. 비록 한 사람이 죄를 자각하고 믿으려고 할지라도 구원을 얻기 위해서는 은총을 필요로 한다. 웨슬리는 이 딜레마를 다음과 같이 기술하고 있다, "이제 그는 진정으로 죄의 사슬로부터 풀려나기를 열망하며 죄에 대하여 싸우기 시작한다. 그러나 비록 그가 온 힘을 다하여 투쟁할지라도 죄를 정복할 수 없다. 죄가 더 강력하기 때문이다."17)

나는 그 동안 기독교를 버팀목이라고 부르거나, 기독교를 약한자를 위한 것이라고 주장하는 사람들에게 매료되어 왔다. 그들은 인간의 능력에 있어서의 비실제적인 낙관주의(unrealistic optimism), 곧 자조주의(自助主義)--자력신학(自力神學)--을 선택 하였을 사람들이다. 만일 이런 사람들이 웨슬리에게 다가가 "기독교는 약한 사람들을 위한 겁니다"라고 했다면, 웨슬리는 "그렇습니다, 우리는 모두 다 약합니다"라고 응수했을 것이다. 우리는 혼자의 힘으로 스스로를 끌어 올리지 못한다. 은총이 반드시 필요하다.

바로 여기에서 웨슬리의 죄관은 복음의 선포로 전개된다. 웨슬리는 죄의 본성 또는 그 결과를 언급하면서 치료책을 말하지 않은 적이 없다. 능력없는 이들을 위한 능력이 있다. 스스로를 도울 수 없는 이들을 위한 도움이 있다. 질병을 위한 치료가 있다. 웨슬리가 즐겨 사용한 성경 말씀은 이것이다, "미쁘다 모든 사람이 받을 만한 이 말이여 그리스도 예수께서 죄인을 구원 하시려고 세상에 임하셨다"(딤전 1:15). 하나님께서 주도권을 가지셨다. 하나님이 우리를 찾으셨다. 그분께서 치료할 약을 공급하셨다. 뒤따르는 장들에서 우리는 하나님께서 어떻게 치유에 영향을 미치시는 가를 보게 될 것이다. 지금은 그리스도 안에 구원과 치유가 있다는 것을 아는 것으로 충분하다.

이번 장을 쓰기는 쉽지 않았다. 현대의 기준으로 보면 자칫 비관적으로 보일 것이다. 그러나 오히려 그 반대로 현대의 인간관이 지나치게 낙관적인 것이다. 죄에 관한 성서적 견해를 따르지 않는다면 우리들은 죄의 실재와 그 범위를 포착하는 데 실패했을 것이다. 웨슬리의 견해는 사람들을 낙망시키거나 죄책감을 안은채 살아가게 하려는 의도가 아니었다. 웨슬리의 의도는 사람들을 일깨우고 자신의 상태를 실제적으로 인식하도록 이끌어 주는 데 있다. 웨슬리는 죄의 심각성을 인식할 때에만 죄를 적절히 다룰 수 있다고 생각했다. 하나님의 은총의 필요성을 느끼는 자리로 우리를 돌아가게 하기 위하여 웨슬리는 자기 만족이라는 표현을 공격 하였다. 웨슬리의 마지막 말은 희망과 승리와 정복의 말이었다.

찰스 웨슬리는 그의 고전적인 찬송시, "그리고 될 수 있으니"(And Can It Be)에서 죄에 대한 승리의 주제를 담았다. 이 싯귀를 통하여 우리는 하나님의 음성을 들을 수 있다.

> 나의 갇힌 영혼 길게 누웠고
> 죄와 본성의 밤에 단단히 묶였으나
> 당신의 눈, 빠른 광선을 비추사
> 나 깨어 났고, 감옥은 빛으로 타오르네.
> 나의 사슬 풀어졌고, 내 마음 자유를 얻었네.
> 나 일어나 앞으로 달려가며 당신을 따랐네!

토의를 돕기 위한 질문

1. 우리가 감상적인 사랑을 소유하고 있다는 사실을 삶 가운데에서 나타내 보여주는 증거는 무엇입니까?

2. 오늘날 죄의 보편성을 증거해 주고 있는 예를 들어보십시오.

3. 죄의 문제로 절망하려는 사람들에게 웨슬리의 죄에 관한 견해가 제공해 줄 수 있는 것이 있다면 무엇일까요?

4. 하나님께서는 여러분에게 스스로를 구원할 수 없다는 사실을 인식시키기 위해 어떤 방법으로 주도권을 취하셨습니까? 여러분 자신의 실례를 말해 보십시오.

더 깊은 연구를 위하여

설교, "원죄", 『웨슬레 설교선집』 I, 조종남 역 (서울: 도서출판 청파, 1994), pp. 87-127.

설교, "원죄", 『존 웨슬리 총서』 제2권 (서울: 웨슬레 사업회, 1976), pp. 188-202.

설교, "인간의 타락에 대하여", 『존 웨슬리 설교집』 (서울: 기독교 대한감리회 본부 교육국, 1993), pp. 84-94.

설교, "하나님 나라로 가는 길", 『존 웨슬리 총서』 제 1권 (서울: 웨슬레 사업회, 1976), pp. 111-24.

출발의 능력

(선행은총)

웨슬리의 신학적 체계는 원죄론과 선행은총론에 기초하고
있다.

로버트 터틀 (Robert Tuttle)

3

출발의 능력
(선행은총)

만약 화가가 웨슬리의 죄의 교리를 그림으로 그린다면, 아마 망망한 바다 가운데 희망없이 버려진 사람의 모습을 그릴 것 같다. 그는 그 사람의 얼굴에 투쟁과 고뇌의 흔적을 그려 넣을 것이다. 화가는 상황이 전적으로 절망적임을 보여 주려고 할 것이다. 그 그림은 글로 쓰여있지 않은 이런 메시지를 담고 있을 것이다. "이 사람이 자신을 구원하기 위하여 할 수 있는 일은 아무 것도 없습니다. 희망이 있다면 외부로부터의 도움입니다."

화가는 이 시점에서 어려움을 겪을 것이다. 그 그림에 무엇인가 다른 것을 추가하여야만 할 것 같은 생각이 든다. 그는 "외부로부터의 도움"을 실제적으로 나타낼 방법을 발견해야만 한다. 이와 마찬가지로 웨슬리도 하나님께서 절망을 깨고 개입하셨음을 보여주어야 했다. 신학적 용어로 말한다면 웨슬리는 선행은총(先行恩寵)의 개념을 그려 넣어야 했다.

많은 사람에게 선행은총(prevenient grace)은 새로운 개념이다. 서구의 전통에 속한 사람에게도 이 개념은 낯설다. 그러나 선행은총의 개념은 웨슬리의 구원의 순서를 이해하는데 매우 중요하다.

이 개념을 오해한 결과 어떤 사람들은 웨슬리가 자연인의 능력과 의지의 완전한 자유를 믿었다고 잘못된 결론을 내리게 되었다. 그렇지만 우리가 이제부터 살펴볼 것처럼 그런 결론은 웨슬리의 입장이 아니다.

선행은총을 집중적으로 살펴 보기에 앞서 은총을 일반적으로 언급하는 것이 필요하다고 믿는다. 은총은 은총이다. 한 가지 상황에 한 종류의 은총을, 다른 상황에 다른 종류의 은총을 가질 수는 없다. 은총은 하나의 동전과 같아서 하나님은 은총을 조금씩 찢어서 주시지 않는다. 우리는 하나님과의 관계에서 어떻게 경험하는 가에 따라 은총을 여러 가지 방식으로 정의할 뿐이다. 은총은 영적 순례의 단계마다 찾아오며 각각 다른 결과를 만들어 내고 다른 반응을 불러 일으킨다. 그러나 이 모든 것은 동일한 은총이다.

웨슬리가 선행은총을 말할 때는 회심의 경험 이전에 역사하는 하나님의 은총을 의미한다.1) 웨슬리가 말하고자 하는 선행은총의 개념은 우리가 하나님을 의식적으로 깊이 생각하거나 필요로 하기 이전에 하나님의 은총이 미리 활동하신다는 뜻이다. 성서의 언어를 사용한다면, 우리가 "아직 죄인" 되었을 때에 찾아온 은총이다(롬 5:8). 웨슬리의 신학에서 이 은총의 활동은 매우 중요하다. 그러므로 이제부터 선행은총이라는 개념을 자세하게 살펴보도록 하겠다.

위에서 언급한 선행은총의 정의로부터 시작해 보도록 하자. 문자적으로 말하면 선행은총은 "앞에 오는 은총"을 의미한다.2) 그러면 무엇 보다 앞에 온다는 것일까? 그것은 하나님의 은총에 대한 어떤 개인적인 경험 이전을 말한다. 선행은총의 교리를 통하여 웨슬리는 먼저 움직이신 분이 하나님이지 인간이 아님을 말하고 있다. 이 교리가 없었다면 우리는 스스로 자랑할 여지가 있었을 것이라고 웨슬리는 말했다. 선행은총은 "인간의 공로에 관한 모든 망상을" 제거한다.3) 중요한 점은 인간은 자신의 힘으로 하나님 앞에 나아갈 수 없다는 것이다. 웨슬리는 이점을 평이하게 서술하고 있다: "하나님께서 죽음에서 일으켜 주시기까지 인간이 잘 행할 수 있기란 불가능하다. 그렇다. 죄로부터 벗어나기 위한 최소한의 움직임도 불가능하다. 하늘과 땅의 모든 권세를 가지신 그분이 우리의 죽은 영혼을 생명으로 불러 주실 때에만 가능하다."4)

이러한 주장은 웨슬리가 자연인의 능력을 믿었다는 잘못된 견해들을 단번에 모두 잠식시킨다. 웨슬리는 이 사실을 평이하게 설명하였다. "모든 사람은 본성적으로 병들었을 뿐아니라 '죄와 허물로 죽어 있는' 것입니다."5) 선행은총의 교리가 의미하는 바는 하나님께서 인간성을 치료하기 위하여 첫 걸음을 내 디디셨다는 것이다. 그리고 웨슬리는 이 은총을 인간의 양심 안에서, 그리고 양심을 통하여 작용하도록 허용된 것으로 보았다.

웨슬리는 자연적 양심이라는 말을 싫어 하였는데, 이 말은 당시에 널리 통용되던 말이었다. 사람은 누구나 양심을 가지고 있으나 그것은 하나님의 초자연적 선물로 주어진 것이라고 웨슬리는 믿었다.6) 이 진리를 예증하기 위하여 웨슬리가 즐겨 사용하였던 본문은 요한복음 1장 9절 인데, 여기에서는 성육신 이전에 존재했던 하나님의 말씀을 "참빛 곧 모든 사람에게 비추어진 빛"이라고 말하고 있다. 웨슬리는 분명하게 선행은총을 회심 이전에 주어진 하나님의 활동이라고 보고 있으며, 인간의 능력 또는 주도권으로부터 완전히 동떨어져 있는 것으로 보고 있다.

여기에 덧붙여서 말한다면, 선행은총은 "인도하는 은총"(leading grace)이다. 우리들을 움직여 회개의 자리로 이끌어 가는 것은 하나님의 활동이다. 웨슬리는 선행은총이 우리를 "인도하는" 데 있어서 세 가지 방식이 있음을 지적하였다. 첫째로, 선행은총은 우리 안에서 하나님의 뜻을 알 수 있는 최초의 감지력을 창조한다. 둘째로, 선행은총은 우리가 하나님의 뜻을 어겼다는 작으면서도 일시적인 가책을 일구어낸다. 셋째로, 선행은총은 하나님을 기쁘게 해 드리려는 우리의 첫 소원을 일으킨다.7) 웨슬리는 이와 같은 경험을 통하여 한 사람이 회개의 자리에 이르게 된다고 믿었는데, 이러한 선행은총의 활동 자체를 온전한 구원에 이르기 위한 하나의 단계로 보았다.

선행은총이 구원을 이루기에 충분치 않다는 사실은 반드시 강조되어야 한다. 만약 누구든지 이 은총을 무시하거나 억제하려고 한다면, 마음이 완악하여 질 것이며, 따라서 하나님이 베풀어 주신 마음의 동요는 무산되고 말 것이다. 그러나 선행은총은 사람을 회개의 자리로 옮겨주기 때문에, 웨슬리는 선행은총을 구원관의 전체 구조 속에 포함시켰다. 처음부터 끝까지 하나님의 행동에 우선권을 주면서 말이다. 웨슬리는 이렇게 설명하였다, "하나님께서 여러분 안에 역사하고 있습니다. 그래서 여러분은 일할 수 있습니다. 그렇지 않다면 그것〔구원을 이루기 위한 우리의 일〕은 불가능할 것입니다."8) 은총의 다른 국면들이 모두 그런 것처럼 선행은총도 선물이다. 이러한 빛에서 볼 때 두 가지 사실이 드러나게 된다.

첫째, 선행은총은 *모든 사람을 위한 은총*(grace for all)이다. 선행은총의 작용에 예외인 사람은 한 사람도 없다. 웨슬리는 사도 베드로가 말한 대로, 하나님은 "누구도 멸망 받는 것을 원하지 않으시며 모든 사람이 회개하기를 원하신다"는 말을 반복하고 있다(벧후 3:9). 둘째, 선행은총은 *모든 사람 안에 있는 은총*(grace in all)이다. 하나님의 은총을 닮은 어떤 것이라도 우리 안에 남아 있는 것은 오직 하나님의 은총 덕분이다. 은총이 아니면 우리는 선하고, 고상하고, 순수한 어떤 것으로부터도 벗어나 있었을 것이다. 이 말은 우리가 단지 은총의 분위기 가운데 살아가고 있다는 것을 의미하는데 그치지 않으며, 현재 우리가 살아가고 있는 삶 자체가 하나님의 은총에 근거하고 있음을 의미한다.

이것은 신학적 관점에서 살펴 본 웨슬리의 선행은총의 교리이다. 그렇지만 보다 더 실제적인 관점에서 볼 때, 선행은총은 "우리 안에서" 어떻게 활동할까? 선행은총의 영향 아래 사는 사람에게 무슨 일이 일어날까? 웨슬리는 여기에 대해 두 가지로 대답했다. 첫째로, 선행은총은 깨달음(awareness)을 주기 위하여 일한다. 선행은총은 우리를 하나님께로 일깨우며 그리고 구원의 필요성을 가르쳐 준다. 우리는 자연 계시 혹은 율법의 작용에 의해 일깨워졌다고 웨슬리는 믿었다. 하나님은 창조 세계 가운데 그분의 흔적을 남기셨다. 하나님은 창조의 세계에 포함되거나 창조 자체와 동일하지 않으나, 창조에 의해 계시되었다. 만약에 사려깊은 사람이 우주의 아름다움과 복합성을 연구한다면, 당연히 하나님이 존재할 가능성을 생각하게 되었을 것이라고 웨슬리는 믿었다. 우리 자신들보다 더 위대한 존재가 있다고 우리에게 이야기해 주는 것은 주위에 너무나 많이 있다. 그리고 만약 사람이 하나님의 가능성을 믿는다면, 그는 존재하는 하나님이 또한 만물을 완전하게 상관하신다는 것도 믿게 될 것을 웨슬리는 확신하였다. 그리고 만약 하나님이 존재한다면, 나머지 삶은 그 하나님에 의하여 정의될 것이며 인생은 하나님과의 관계 안에서 살게 될 것이라고 믿었다. 자연 계시를 통하여 이러한 종류의 사고들이 우리의 머리에 떠오르게 된다.

둘째, 웨슬리는 선행은총이 율법을 통하여 작용한다고 믿었다. 웨슬리는 "율법을 통하여 죄인들을 회심하게 만드는 것은 하나님 영의 일반적인 방법이다"고 말했다.9) 율법은 하나님의 뜻을 가르쳐준다. 이 지식으로 우리는 담장의 어느 편에 있는지를 볼 수 있다. 율법을 통하여 우리는 하나님의 영광에 이르지 못하고 타락한 상태에 있음을 알 수 있다. 그리고 이 지식으로 말미암아 회심이 필요하다는 것을 느낄 수 있다. 우리는 자신의 실제 모습을 본다. 우리의 양심은 동요되어 있다.10)

그러나 웨슬리는 지식만으로는 충분하지 않다는 것을 알았다. 단순한 지식은 변화시킬 능력을 가지고 있지 못하다. 사실상 능력이 동반되지 않는 지식은 우리를 절망으로 이끌어갈 뿐이다. 우리 모두는 실천할 수 없는 지식 때문에 좌절에 빠졌던 경험을 가지고 있다. 그래서 웨슬리도 의지는 반드시 실행을 위한 현장으로 옮겨져야 한다는 사실을 알았다. 우리는 의지의 활동에 의하여 변화된다. 따라서 선행은총은 우리에게 "응답-능력"[책임감]을 주기 위하여 두 번째의 주요 방법[율법을 통한 선행은총의 활동]으로 작용한다.

이 점은 웨슬리의 신학에 있어서 매우 중요한 요점이다. 우리는 기독교 신학을 통하여 우리가 범한 죄에 대한 책임이 자신에게 있다고 배웠다. 만약 하나님이 세상의 기초도 놓아지기 전에 우리의 운명을 결정적으로 확정했다면 죄에 대한 우리의 책임은 있을 수 없다고 보았다. 절대 섭리는 신실한 책임을 불가능하게 만든다. 웨슬리는 선택할 수 있는 완전한 능력이 우리에게 주어진 경우라야 우리에게 책임 여부를 물을 수 있다고 가르쳤다. 웨슬리는 선행은총이 우리로 하여금 의지를 실행에 옮길 수 있도록 가능하게 한다고 믿었다. 우리는 *은총을 통하여*(through grace) 책임을 제대로 감당할 수 있게 된다.

여기에는 위험이 존재한다. 만약에 하나님이 선행은총을 통하여 선택할 수 있는 능력을 우리에게 주셨다면 하나님은 우리가 그분에게 대항하는 선택을 할 위험을 감수하고 있는 것이다. 그러나 사랑이 작용하는 곳에는 어느 곳이나 위험 또한 존재한다고 웨슬리는 믿었다. 사랑은 반드시 자유롭게 주어져야만 하며 자유롭게 받아들여져야 한다. 우리는 예수 그리스도 안에 있는 하나님의 자유로운 선물을 보는데 있어서 조금도 문제될 것이 없다. 하나님의 은총에 대한 우리의 응답 또한 자유라는 사실을 웨슬리는 우리들에게 보여 주려고 한다. 이러한 종류의 자유 안이라야 신실한 관계가 존재할 수 있다.

하나님은 위험을 감수하셨다. 하나님은 은총을 인하여 우리가 응답할 수 있도록 하셨다. 하나님의 구원의 제공에는 모든 사람이 포함된다. 도망칠 수 없이 죄에 갇힌 사람은 하나도 없다. 하나님의 행위 때문에 지옥에 가도록 운명 지워진 사람은 한 사람도 없다. 이와는 반대로 하나님은 가능한 대로 더 많은 수의 인간을 구원하시려고 일하신다. 인간 영혼의 깊은 흑암의 밤에도 여명이 있을 수 있다. 문 곧 길을 향하여 인도하는 것은 빛이다. 질병과 죄의 속박 가운데에서 빛은 우리들을 향하여 말한다, "일어나라, 침상을 들고 걸어가라!"

만약 그리스도인으로서 이 장을 읽었다면 과거를 돌아보면서 당신을 헌신의 자리로 불러내기 위해 삶 속에서 선행은총이 활동하셨던 여러 역사를 볼 수 있을 것이다. 만약 그리스도인이 아니면서 이 장을 읽고 있다고 하여도 역시 걸어온 길 위에 "빛"을 비춰 주었던 그런 경험들을 돌이켜 볼 수 있을 것이다. 그런 모든 경험들이 모두 선행은총의 예가 된다. 우리에 대한 도전은, 하려고만 마음 먹는다면 이미 당신에게 주어진 것〔선행은총〕을 따라 행하고 하나님께 응답하라는 것이다.

선행은총의 메시지는 희망의 메시지이다. 여기에 인간의 딜레마 밖으로 빠져나갈 수 있는 길이 있다. 우리들의 문제를 벗어날 수 있는 길이 있다. 하나님께서 길을 만드셨다! 그리고 하나님은 우리가 행하려고 선택하기만 한다면 선행은총으로 말미암아 우리가 그 길을 걸을 수 있도록 도우신다. 선행은총은 전체의 이야기는 아니지만 이야기의 시작이 된다. 선행은총은 대낮의 밝은 빛은 아니지만 새벽의 첫 미명(微明)이다. 그것은 진짜 빛이며 하나님의 손을 보고 그 손에 다가가기에 충분한 빛이다.

토의를 돕기 위한 질문

1. 여러분의 경험에 비추어 볼 때 회심하기 전에 하나님께서 선행은총으로 행하신 것이라고 생각되는 어떤 사건들이 있었습니까?

2. 지식 (변화시키는 힘이 없는) 만으로는 충분하지 않다는 사실에 여러분은 동의합니까? 이러한 사실을 경험해 본 적이 있습니까?

3. 우리가 응답할 수 있을 때에만 하나님이 인격적으로 책임지신다는 말을 여러분은 어떻게 생각합니까? 선행은총은 우리를 진정한 책임있는 존재로 만들기 위하여 어떻게 역사합니까?

더 깊은 연구를 위하여

설교, "신앙에 의한 칭의", 『존 웨슬리 총서』 제1권, pp. 80-95.

설교, "성령의 증거(Ⅰ)", 『요한 웨슬레 설교선집』Ⅰ, (서울: 도서출판 청파, 1994), pp. 200-218.

설교, "성령의 증거", 『존 웨슬리 총서』 제1권, pp. 159-72.

Sermon, "On Conscience," *Works*, 7:186-94.

설교, "우리 자신의 구원을 성취함에 있어서", 『요한 웨슬레 설교선집』Ⅰ, pp. 72-86.

설교, "우리 자신의 구원을 이룸에 대하여", 『존 웨슬리 총서』 제2권, pp. 446-56.

전환점
(회심의 은총)

인간이 돌아서는 것은 하나님의 은총 때문이나, 결국 인간이
돌아선다!

프레데릭 노우드 (Frederick Norwood)

4

전환점
(회심의 은총)

빛이 어둠 속으로 뚫고 들어왔다! 하나님이 인간 무대에 들어오셔서 우리들의 상태를 알게 하셨고 탈출구를 제공하셨다. 이것이 웨슬리 복음 이해의 첫 단계이다. 그렇지만 그는 여기에 머물지 않는다. 선행은총은 영혼의 첫 여명(黎明)에 불과하다는 것을 웨슬리는 알고 있었다. 선행은총은 안내자의 역할을 하는데 사람이 그것을 받아들일 때 구원하는 은총의 가장자리로 이끌어 준다. 선행은총을 말할 때마다 웨슬리는 그의 청중들에게 "지금 당신 안에 있는 은총의 불꽃을 일으키십시오. 그러면 하나님께서 당신 안에 더 큰 은총을 주실 것입니다"라고 격려하였다.1) 이 장에서 우리는 은총의 활동의 다음 단계를 연구하게 될 것이다. 우리는 존 웨슬리가 부른대로 "구원의 은총"(saving grace)을 탐구할 것이다.

구원을 말할 때마다 우리들은 양면 -하나님 편과 인간 편-을 가진 경험을 묘사하게 된다. 하나님의 편에서 볼 때 구원은 오직 은총만으로 말미암는다. 웨슬리가 기록한 대로, "우리가 존재하거나 소유하거나 행하는 것으로는 하나님의 손에서 지극히 작은 어떤 것이라도 얻을 수 없다."2) 사도 바울은 그것을 이렇게 표현하였다, "너희가 그 은혜를 인하여 구원을 얻었으니"(엡 2:8). 누구든지 구원을 얻게 된 것은 오직 하나님의 행위로 말미암은 것이다. 하나님께서 행하셨다! 예수 그리스도를 통하여 의가 이루어졌고 은총이 주어졌다. 긍휼이 저주를 넘어 승리하였다. 우리들은 은총으로 구원받았다.

인간 편에서 보면 구원은 믿음으로 말미암는다. 바울은 계속해서 말한다, "너희가 그 은혜를 인하여 *믿음으로 말미암아* 구원을 얻었나니." 믿음은 하나님의 은총에 대한 인간의 응답이다. 그것은 하나님이 먼저 행하신 행위에 대한 우리의 응답이다. 그러나 이 믿음 조차도 우리 자신의 것이 아니다. 이것 역시 하나님의 선물인데, 곧 선행은총을 통하여 하나님께서 우리에게 주신 것이다. 선행은총은 우리들의 믿음을 응답 가능한 것으로 만들어 준다. 따라서 믿음이 비록 우리로부터 유출되지만 우리 안에서 생겨난 것은 아니다.

웨슬리에게 있어서 믿음의 응답은 두 가지의 활동에 의하여 이루어진다. 회개와 믿음이 그것이다. 이 두 가지가 함께 합하여 "구원의 믿음"을 이룬다. 웨슬리의 주장은 성서의 계시와 분명하게 일치한다. 세례 요한과 예수는 모두 공적 사역의 서두를 회개하라고 외침으로 시작하였다(마 3:2, 4:17). 바울이 아그립바 왕 앞에서 그의 사역을 변호할 때, 그의 메시지는 백성들이 "회개하고 하나님께로 돌이키는" 것이라고 외쳤다(행 26:20). 웨슬리가 구원하는 은총의 메시지를 선포하였을 때 그는 *회개*와 *믿음*이라는 동일한 주제에 초점을 맞추었다.

그러나 회개한다는 것은 무엇을 의미할까? 불행하게도 어떤 사람들은 이것을 부정적인 이미지와 연관시킨다. 다른 사람들은 회개를 제단으로 나아가는 것과 동일시 한다. 또 어떤 사람들은 아직도 이것을 주로 애통이라는 말로 풀이하려고 한다. 그렇지만 신약성서가 회개를 언급할 때면 변화라는 기본적인 개념을 사용한다. 웨슬리는 이것을 "온갖 죄로부터 온전한 성결로 나아가는 마음의 변화"라고 불렀다.3) 전에는 우리가 죄 안에 살면서 하나님을 생각지 못하였지만 이제는 우리의 마음이 변화되었다는 사실을 의미하였다. 이제는 죄가 문제됨을 안다. 죄는 반드시 사함받아야 한다는 것을 안다. 이제는 하나님이 중요함을 안다. 하나님을 따라야 한다. 우리들은 180도의 전환을 이루었다. 눈물은 포함될 수도 포함되지 않을 수도 있다. 제단이 회개의 장소가 될 수도 있을 것이나 그 장소는 우리 집의 거실이 될 수도 있다. 어떤 장소 어떤 상태에서 이루어지든 원리는 그대로 남는데, 아무튼 우리는 변화되었다는 사실이다. 그리고 웨슬리는 이 변화가 우리들에게 여러 면에서 영향을 미친다고 믿었다.

첫째, 우리는 자신들에 관한 지식에 있어서 변화된다. 이제 우리는 자신들이 하나님으로부터 떨어져 살고 있음을 본다. 웨슬리는 그의 추종자들에게 이렇게 역설하였다, "자신을 죄인으로 아십시오. 당신 본성의 중심이 부패하였음을 아십시오. 당신은 모든 능력에 있어서 부패하였음을 알아야 합니다."4) 회개를 통하여 우리는 우리의 영적 상태에 대하여 마음을 바꾼다. 하나님과 떨어져서 우리는 안녕하지 못하다. 우리는 절망적인 상태에 있다. 웨슬리는 자신을 실제적으로 보도록 우리에게 요구한다. 이것이 회개의 첫 결과이다.

둘째, 우리는 가책을 통하여 더 많은 변화를 경험한다. 하나님을 떠난 삶의 진정한 상태를 인식하게 될 때 우리는 마음에 가책을 느낀다. 가책을 통하여 우리는 자신이 죄인이라는 사실과 이후에 영원히 멸망받아 마땅하다는 것을 마음에 알게 된다고 웨슬리는 믿었다.5) 이와같은 자기 이해는 우리를 무섭게 짓누를 수 있을 것이다. 그러나 이 표현이 유쾌하지 못하지만 웨슬리는 이것을 부정적인 것으로 여기지 않았다. 오히려 그는 가책을 우리의 삶 가운데 하나님이 능동적으로 행하시는 역사의 한 부분으로 보았다.

유감스럽게도 우리는 가책을 부정적인 이미지로 사용해 왔다. 우리들은 이 말을 청중들로 하여금 죄의 감정을 갖도록 만들기 위해 사용해 왔다. 어떤 이들에게 이말은 우리가 드디어 붙들렸다는 뜻을 의미한다. 가책이란 말이 당시에 사용되었을 때에는 영적 사냥꾼의 올무로부터 빠져나온 것처럼 어디로부터 도망쳐나온 어떤 것 또는 어디로 던져진 어떤 것과 같은 의미였다. 이와는 다른 면에서 가책의 참된 의미는 우리 마음이 하나님의 영에 닿기 위하여 아직도 충분히 민감하다는 것을 나타낸다. 이것은 우리 영이 부활하신 그리스도에게로 들어가기 위해 아직도 충분히 열려있다는 긍정적인 증거가 된다. 가책은 그것이 비록 유쾌하지 못할지 모르지만 긍정적인 경험이다. 가책은 모든 사람이 온전치 못함을 우리에게 알려주는 "영혼의 경고등"이다. 여기에는 교정(矯正)이 불가피하게 필요하게 된다.

비기독교인들에게 가책은 그들을 구원의 자리로 데려가기 위해 역사한다. 외과의사의 칼은 상처를 치료하기 전에 먼저 잘라야 한다. 그러므로 가책은 죄에 대한 승리를 발견하기 이전에 먼저 와야 한다. 가책은 믿음 밖에 있는 사람들에게 제한되어 있지 않다. 그러나 기독교인들은 성령이 중간에도 궤도를 수정하도록 재촉하시기 때문에 지속적으로 가책을 받는다. 웨슬리는 신자들도 회개해야 함을 이러한 차원에서 인식하였다.

셋째, 회개는 우리 마음의 철저한 변화를 포함한다.6) 이것이 회개의 진정한 목적이다. 이것은 누가복음 15장에 있는 탕자의 이야기 가운데 거의 완벽하게 예증되어 있다. 집을 떠난 후 작은 아들의 상태는 급격하게 타락하였다. 그는 돼지 우리에 도달함으로 끝이 났다. 그렇지만 그 곳에서 그는 새로운 자기 이해에 이르게 되었다. 그는 그곳의 생활과 집에서의 생활의 차이를 보았다. 자기 자신을 알게 됨으로 그는 자신이 죄를 범하였으며 마땅히 집으로 돌아가야 한다는 가책에 도달하게 된다. 여기까지는 문제가 없다. 그러나 만약 작은 아들이 그곳에서 멈추었다면 그는 돼지 우리에서 영원히 머물러야 했을 것이다. 또 다른 한 단계가 요구된다. 그는 그의 의지를 사용해야 했다. 그는 가책에 기초하여 행동해야 했다. 회개의 과정은 "내가 일어나 내 아버지 집으로 돌아 가리라"고 말할 때에 완성되었다.

회개는 집으로 돌아가려고 결심하는 데에서 절정에 이른다. 여기에는 다음 단계로의 전환이 반드시 이루어져야 하는데 그렇지 못할 경우 현세에서의 온갖 지식과 가책은 충분치 못한 것이 되고 만다. 회개에는 행동적 요소가 필요하다고 주장함에 있어서 웨슬리는 성서적이고 실제적이다. 우리는 변화되어야 한다. 그리고 회개는 변화를 요구한다.

회개에 관한 주제를 벗어나기 전에 주목해야 할 한 가지 중요한 사실이 있는데, 그것은 회개는 진정한 믿음 이전에 온다고 웨슬리가 믿었다는 것이다. 한 설교에서 웨슬리는 이렇게 말하였다:

우리는 복음을 믿기 전에 먼저 회개해야만 합니다. 우리는 그리스도에게 전적으로 의지하기 이전에 자신을 의존함으로부터 벗어나야 합니다. 우리는 자신의 의에 대한 모든 신뢰를 떨쳐버려야 합니다. 그렇지 않으면 하나님의 의를 진정으로 신뢰할 수 없습니다. 우리가 행하는 어떤 것이든지 그것을 신뢰하지 않게 되기까지는 하나님께서 행하셨고 고통받으셨음을 온전히 신뢰할 수 없습니다. 먼저 우리는 자신들에게 내려진 죄의 선고를 받아들여야 합니다. 그 다음에야 우리는 우리를 위해 사셨고 또한 죽으신 그 분을 신뢰할 수 있습니다.7)

그러나 회개는 구원의 과정에 있어서 끝이 아니다. 웨슬리는 회개를 "종교의 현관"이라고 불렀다.8) 구원하는 은총의 중요한 두 번째 부분은 믿음이다. 문제로부터 도망하는 것으로 충분하지 않음을 웨슬리는 알았다. 우리는 해결을 향해 나아가야 한다. 어떤 것으로부터 돌아서는 것으로 충분치 않다. 어떤 분〔하나님〕을 향하여 돌아서야 한다.

예수는 이 점을 마태복음 12장에서 분명하게 가르치시고 있다. 예수는 악한 귀신이 들렸던 사람에 관하여 말씀하셨다. 그 사람은 "집을 깨끗이 청소"하였고 귀신은 없어졌다. 옛 것이 사라진 것이다. 그 사람의 영혼은 청소되었으며 진공상태가 되었다. 그러나 그 속에 아무 것도 없었다. 하루는 악한 귀신이 떠돌다가 그 집을 발견하였다. 그 집은 이전보다 더 좋은 상태에 있지 않은가! 귀신은 좋은 생각을 떠올렸다. 귀신은 나가서 친구들 일곱 귀신을 불렀고 그들은 모두 함께 그 사람의 영혼 속으로 들어갔다. 예수께서 말씀하시기를 나중의 결과가 처음보다 더 나빠졌다고 하셨다. 왜 그럴까? 왜냐하면 그 사람은 중간밖에 가지 못한 것이다. 옛 것은 가 버렸으나 새 것을 맞이하지 못했다. 빈 상태 속에서 그는 무력하였다.

구원하는 은총의 과정에서 이와 동일한 일이 일어난다. 회개만으로는 충분치 못하다. 이것은 마치 두 막으로 구성된 드라마의 제 1 막과 같다. 연극을 완성시키기 위해서는 제 2막이 필요하다. 제 2막은 믿음이다. 믿음이란 기독교에서 일반적으로 사용되는 용어이므로 웨슬리가 이 말로 무엇을 의미하였는가를 살펴보는 것이 필요하다.

다음과 같은 것들을 의미하지 않은 것은 분명하다. 웨슬리는 신조나 믿음의 진술에 대한 단순한 지적 동의를 의미하지 않았다. 그는 또한 정신의 이성적 활동을 의미하지도 않았다. 웨슬리는 이렇게 말했다:

> 이 믿음의 본질에 관하여, 당신 자신의 영혼을 속이지 않도록 주의하십시오. 믿음이란 어떤 이들이 생각하고 있었던 것처럼 성경의 진리에 대한 단순한 동의이거나 신조의 조항들 또는 신구약 성경에 담긴 모든 진리에 대한 단순한 동의가 아닙니다. 마귀들도 이런 것들을 믿습니다....그럼에도 불구하고 그들은 여전히 마귀들입니다.9)

이와 같은 촌평들은 웨슬리가 믿음의 지적인 면을 소홀히 했다는 뜻으로 받아들여서는 안된다. 웨슬리 자신의 생애는 매우 이성적이고 지성적인 삶이기도 하였다. 이성적인 믿음을 가지는 것이 가능할 때마다 웨슬리는 이성적인 믿음을 추구하였다. 그러나 이러한 점은 믿음이 성서적 의미에서 더 많은 요소들을 포함하고 있다는 것을 웨슬리가 알고 있었다는 의미로 해석되어야 한다. 웨슬리는 믿음이 최소한 다음과 같은 4가지 요소를 함축하고 있다고 보았다.

첫째로, 믿음은 당신이 하나님의 자비와 용서를 신뢰(trust)하는 것을 의미한다. 웨슬리는 이렇게 서술하고 있다, "하나님을 믿는다는 것은 그분을 우리의 힘으로 신뢰하는 것이며, 그분없이 우리가 아무 것도 할 수 없으며, 또한 환난의 때에 그분을 우리의 도움으로 의지하는 것입니다."10) 선행은총을 통하여 우리는 자신의 죄가 큰 것을 보지만 그러나 우리의 구원이 죄보다 더욱 크다는 것을 안다. 우리는 자신이 벌을 받아 마땅하다는 것을 알지만 자비를 얻게 될 것을 믿는다! 우리는 하나님의 자비와 용서를 굳게 신뢰하고 있다.

탕자의 이야기로 돌아가 보자. 그의 상태를 일깨워 주었고 가책에 이르게 하였으며, 변화에 이르도록 동기를 부여한 것은 회개이다. 그렇지만 그가 집으로 돌아가면 사랑받고 용서 받으리라는 사실을 알 수 있도록 확신을 준 것은 바로 믿음이었다. 그는 자비가 심판을 이길 수 있음을 알았다. 만약 이 점을 믿을 수 없었다면 그는 감히 집으로 돌아가려고 하지 않았을 것이다.

회개와 믿음은 서로 손잡고 나아간다. 회개는 가책을 낳고 믿음은 신뢰를 길러 낸다. 그리고 우리의 믿음은 하나님의 본성에 기초하고 있다. 우리는 하나님은 사랑이시다는 진리를 믿는다. 그러므로 우리는 '하나님이 우리들을 해치기보다 치유하기를 더 원하신다' – '우리를 되돌려 보내기보다 받아 들이기를 더 원하신다' – 는 사실을 또한 믿는다. 요한일서 4장 18절은 "완전한 사랑은 두려움을 몰아낸다"고 말한다. 우리는 집으로 돌아가기를 두려워하지 않는다.

웨슬리는 하나님의 사랑을 설교하였는데 그 이유는 누구든지 하나님의 사랑에 붙들리면 집으로 돌아가기 원하리라고 믿었기 때문이었다. 슬프게도 이러한 사랑의 하나님에 관한 신관(神觀)을 가지지 못한 사람들이 많이 있다. 그리고 부정적인 하나님 이해를 가지고 있는 사람은 하나님과의 바른 관계를 정립할 수 없게 된다. 그러나 우리가 만약 '사랑이신 하나님' -'하나님은 본성적으로 사랑이시며 선택에 의하여 사랑이시다'는 사실을 받아들일 수 있다면 우리도 이와 같은 하나님을 사랑할 수 있게 된다.

둘째로, 믿음의 또 다른 요소는 확신(assurance)이다. 여기에 관하여 다음 장에서 더 말하게 되겠지만, 구원의 믿음과 확신 사이의 관계를 알아두는 일은 중요하다. 구원의 믿음은 우리의 삶 속에 확실성을 나타내는 표를 가져다 준다. 믿음을 통하여 우리는 예수가 진실로 하나님의 아들임을 안다. 우리는 예수를 구원의 유일한 기초로 본다.11) 확신의 주제가 그의 올더스게이트 체험에 관한 기록 가운데 어떻게 흐르고 있는 가를 주목해 보는 것은 흥미로운 일이다.

> 나는 내 마음이 이상하게 뜨거워 지는 것을 느꼈다. 나는 그리스도, 곧 오직 구원의 그리스도만을 신뢰하고 있음을 느꼈다. 그리고 그리스도께서 내 자신의 죄를 사하여 주셨으며 죄의 율법과 사망으로부터 나를 구원하셨다는 확신이 찾아 들었다.12)

웨슬리는 의존(reliance)을 믿음의 세 번째 요소로 보았다. 믿음의 행동으로 우리는 삶의 통제실의 스위치를 자신으로부터 그리스도에게로 전환한다. 과거에는 자신의 능력과 지성을 의지하였지만 이제 우리는 그리스도를 의지한다. 초대교회는 이 의존을 "예수는 주님이시다"라는 선언으로 묘사하고 있다. 이 선언은 죄로부터 구원해 내시는 그리스도를 먼저 의지해야 함을 의미하였다. 웨슬리는 십자가를 구원의 초점으로 보았다고 생각된다. 그는 "기독교 체계 중에서 구속의 교리보다 더 위대한 결론은 없다"고 말했다.13)

그러나 그리스도의 주님 되심을 주장하는 것은 또한 우리가 현재의 생명으로 그리스도를 바라보는 것을 의미한다. 우리는 부활하신 구세주를 섬긴다. 우리는 그리스도를 주권자요, 공급자요, 능력자로 인식한다. 바로 여기가 웨슬리의 제자도의 역동성이 보이는 부분이다. 구원의 믿음을 통하여 우리는 그리스도의 능력을 우리들 삶의 각 차원에 끌어들인다. 그리스도는 과거를 용서하고 현재를 치유하며 미래를 위한 희망을 공급한다. 그러므로 의존은 끝이 없이 이어진다. 이와 같은 방법으로 우리는 여러 시대의 성도들과 더불어 선언할 수 있게 된다. "나는 구원 받았고 구원 받는 중에 있으며 구원 받을 것이다."

마지막으로, 웨슬리에게 있어서 믿음은 순종(obedience)이라는 말로 극명하게 표현된다. "그리스도를 아는" 여부는 우리가 그에게 순종하느냐 그렇지 못하느냐에 달려있다. 이 진리가 고통스러운 난제임을 발견하기까지 우리는 기독교인으로서 더 이상 걸어 나갈 수 없다. 우리는 믿음을 고백하는 것과 그 믿음을 보이는 것이 다르다는 것을 바로 알게 된다. 웨슬리는 이점을 기회가 있을 때마다 강조하려고 하였다. 그리고 그는 광의적 의미로 순종을 이해하였다. 웨슬리는 순종을 이렇게 묘사하였다, "하나님의 명령에 대한 복종입니다. 이 복종은 내적일 뿐 아니라 외적이며, 마음 뿐 아니라 생활의 복종이요, 모든 기질 뿐 아니라 모든 삶의 방식에서 이루어지는 복종이어야 합니다."14) 이와 같은 순종은 차가운 의무감에 기초하고 있는 것이 아니라 오히려 하나님의 뜻을 실천하려는 강렬한 열망 위에 기초하고 있다. 순종은 기쁜 것이며 율법적인 딱딱한 것이 아니다. 이 말은 순종의 모든 경험이 쉽고 편안하거나 즐거울 것이라는 뜻이 아니다. 성질에 맞지 않지만 무언가가 이루어 지는데, 이것은 의지의 힘으로 이루어진다는 것이다. 그리스도에 대한 순종은 (쉽든지 어렵든지 간에) 우리의 삶에 성취감을 가져다 준다는 것을 의미한다.

이것이 구원의 믿음에 대한 웨슬리주의의 설명이다. 구원의 믿음은 회개에서 시작되어 믿음에서 절정에 달한다. 회개에서 우리는 그리스도가 없는 삶으로부터 돌아서며, 믿음에서 우리는 그리스도의 길을 우리 길로 알고 들어감으로 이 돌아섬을 완성한다. 그리고 이 과정 가운데 구원이 시작된다. 여기에는 처음 헌신의 순간을 너머 일생동안 계속되는 발전과 진보가 있게 된다.

나는 믿음에 관한 이와 같은 견해가 당신에게 초청으로 작용하고 있기를 바란다. 이 견해는 기독교 신앙을 정체적이 아닌 역동적인 것으로 만든다. 흔히 우리의 구원은 한 차례의 드라마틱한 경험으로 완성되었다는 인상을 주고 있다. "＿ 년" 전에 자신이 구원을 받았다고 하는 사람들의 간증을 우리는 수 없이 듣는다. 물론 웨슬리가 이런 이야기를 들었다면 기뻐했겠지만 아마 계속하여 이렇게 물었을 것이다, "그렇지만 오늘, 이 순간에도 여러분은 구원을 받고 있습니까?" 웨슬리는 과거의 경험이 현재에도 여전히 살아 있는가를 알기 원하였을 것이다.

웨슬리는 흥미로운 구원의 그림을 가지고 있었다. 그는 구원을 집에 비유하였다. 웨슬리는 회개를 종교의 현관이라고 불렀다. 의인(義認)은 문이었다. 집 안에 있는 모든 방들은 성화의 여러 국면이었다. 이 비유를 통하여 웨슬리는 회심의 경험 뒤에 탐사되어야 할 집 전체가 있음을 말하려고 하였다.15) 구원에는 영향 곧 계속되는 국면들과 회심이 함축하고 있는 바가 있다. 우리는 계속해서 걸어가며 성장해야 한다. 그렇지 않으면 우리는 하나님이 주신 전체 경험의 현관에만 머물러 있게 될 것이다.

우리는 지금 문 앞에 서 있다. 계속되는 장들에서 우리는 몇몇 방 안으로 걸어 들어가야 한다. 그러나 지금 이곳은, 구원하는 믿음을 주시고 영적 집의 모든 방들을 일생에 걸쳐 탐사할 수 있도록 허락해 주신 하나님께 감사하기 위해, 잠시 머무르기에 참 좋은 곳인 것 같다.

토의를 돕기 위한 질문

1. 저자는 구원에는 양면 -하나님 편과 인간 편- 이 있다고 말하고 있습니다. 이 사실이 새롭게 느껴집니까? 만약 그렇다면 여러분은 이러한 관점에 대해 어떻게 생각합니까?

2. 회개에 관한 설명 가운데 어떤 요소가 가장 중요한 것으로 마음에 와 닿습니까? 그 이유는 무엇입니까?

3. 믿음에 관한 설명 가운데 어떤 요소가 가장 마음에 와 닿습니까? 그 이유는 무엇입니까?

4. 구원은 역동적인 (계속되는) 것이며 정체적인 (단번에 이루어지는 과거의 행동) 것이 아니라는 진리를 여러분은 간증할 수 있습니까?

더 깊은 연구를 위하여

설교, "믿음으로 말미암는 구원", 『요한 웨슬레 설교선집』 I , pp. 12-28.

설교, "믿음으로 말미암는 구원", 『존 웨슬리 총서』 제1권, pp. 19-31.

설교, "성서적인 기독교", 『요한 웨슬레 설교선집』 I , pp. 47-71.

설교, "성서적인 기독교", 『존 웨슬리 총서』 제1권, pp. 59-79.

설교, "신앙에 의한 칭의", 『존 웨슬리 총서』 제1권, pp. 80-95.

설교, "믿음으로 얻는 의", 『존 웨슬리 총서』 제1권, pp. 96-110.

설교, "하나님 나라로 가는 길", 『존 웨슬리 총서』 제1권, pp. 111-24.

설교, "신생의 표적", 『존 웨슬리 총서』 제1권, pp. 222-36.

설교, "산상설교 IX", 『존 웨슬리 총서』 제1권, pp. 388-404.

변 화
(구원의 결과)

웨슬리는 그의 구원관에서 하나님에 대한 완전한 의존과
인간 자신의 완전한 책임이라는 두 개념을 결합하고 있다.

버트너와 차일스 (Burtner & Chiles)

5

변　화
(구원의 결과)

전력 발전소를 처음 방문했던 순간을 나는 지금도 기억하고 있다. 그 때 나는 비록 어린 아이였지만 누구의 설명도 필요없이 전기의 힘 앞에 서 있다는 사실을 알았다. 그곳에 그냥 있는 것으로 그 힘을 알기에 충분했기 때문이다. 회심도 이와 같다. 비록 이전에 그런 일이 일어난 적이 없었다고 하더라도 당신은 자신이 그 힘 앞에 있다는 것을 안다. 회심은 모호하고 자각 할 수 없는 그런 경험이 아니다. 회심은 능력의 체험이다.

우리는 회심의 결과를 분별 할 수 있다고 믿는다. 이 장에서 우리는 회심의 결과 가운데 일부를 살펴볼 것이다. 기억해야 할 중요한 점은 우리는 지금 별개의 경험들을 보고 있는 것이 아니라는 사실이다. 이제부터 살펴볼 것은 하나의 경험에 속한 여러 부분들이다. 웨슬리는 회심의 한 경험 안에 여러 가지 결과가 주어진다고 가르쳤다. 밧줄을 마음에 그리고 있으면 도움이 될 것이다. 밧줄은 하나의 물체이지만 여러가닥의 실로 짜여져 있다. 이와 마찬가지로 회심 안에는 여러 가지 일들이 일어난다.

웨슬리는 먼저 우리가 의롭게 되었다고 가르쳤다. 이 가르침에 있어서 그는 개신교의 종교개혁자 및 각 시대의 성도들과 일치하였다. 웨슬리는 믿음으로 의롭다함을 얻는 것이 복음의 핵심이라고 인식하였다. 웨슬리에게 있어서 의인이란 하나님께서 우리를 위하여 행하신다는 것을 의미하였다. 웨슬리는 죄가 사람들로 하여금 스스로 구원할 수 없게 만들었다고 보았다. 이제 남은 유일한 방법은 하나님께서 개입하시는 것이었다. 하나님께서 우리를 의롭게 하시기 위하여 개입하실 때 두 가지 중요한 일을 행하셨다. 첫째로, 하나님은 과거의 죄를 용서하셨다. 웨슬리는 이렇게 기록하였다. "의인의 평이한 성서적 개념은 용서 곧 죄의 용서이다."[1]

웨슬리는 현대 심리학이 생겨나기 이전 시대에 사역을 하였지만 용서와 구원의 능력을 알았다. 그리고 그는 용서를 총체적으로 보았다. 웨슬리는 용서받은 죄인에 관하여 이렇게 말하였다, "그의 죄 곧 과거의 모든 죄, 생각으로 그리고 언행으로 지은 모든 죄는 덮어졌으며 지워졌습니다. 그 죄는 다시 기억되거나 언급되지 않을 것이며 처음부터 있지 않았던 것과 같은 상태가 될 것입니다."[2] 사람들이 웨슬리의 메시지에 호응하는 것은 놀랄 일이 아니다. 왜냐하면 그동안 풀지 못했던 죄의 문제를 설교하고 있기 때문이다. 웨슬리의 청중들은 죄를 느끼고 있었으나 어떻게 죄를 해결해야 할 지는 모르고 있었다. 웨슬리는 그리스도 안의 용서가 이미 실재하고 있다는 것을 분명하게 밝혔다.

나는 그동안 사역하면서 이 점과 관련된 실제적인 문제에 여러 차례 봉착하였다. 이렇게 말하는 사람들을 상담했었다, "나는 용서받지 못한 것 같아요. 왜냐하면 나는 아직도 과거를 잊지 못하고 있거든요." 이런 생각을 하는 사람들은 하나님의 용서와 과거를 잊을 수 있는 그들의 능력이 연결되어 있다고 생각하고 있다. 그러나 하나님은 성서를 통하여 이렇게 말씀하신다, "*내*가 네 죄를 더 이상 기억하지 아니하리라"(사 43: 25). "*너*는 네 죄를 더 이상 기억하지 아니하리라"고 하나님은 말씀하지 아니하신다. 오직 하나님만이 용서하고 잊으실 수 있다. 우리가 행했던 일들은 우리가 사는 동안 내내 기억될 것이다. 복음의 메시지는 기억을 지워버리는 것이 아니라 기억을 치유하는 것이다. 의인을 통하여 우리는 정죄받지 않은 채 기억을 소유한다. 우리는 용서받은 것이다!

이와 동시에 우리는 두 번째 결과를 경험하는데 그것은 신생(new birth)이다. 신생은 하나님이 우리 안에서 행하시는 것이다. 웨슬리는 신생을 "우리의 타락한 본성을 새롭게 하시는" 하나님의 활동이라고 불렀다.3) 웨슬리는 신생의 과정을 설명하기 위하여 육체의 탄생을 비유로 사용하고 있다. 육체의 탄생에서 이전에는 없었던 것이 태어나 존재하게 된다. 이와 마찬가지로, 회심에서 우리의 영적 본성이 이전에 존재하지 않았던 활동적인 방식으로 존재하게 된다.

한편으로, 여기에는 하나님 형상의 회복이 있게 된다. 원죄를 다루었던 장에서 우리는 인간의 타락이 하나님의 형상을 훼손시켰으며, 바로 자연적 형상과 도덕적 형상을 급격하게 약화시키고 파괴시킴으로 그렇게 하였음을 보았다. 그러나 웨슬리는 신생을 의와 참된 성결의 회복—도덕적 형상의 회복—으로 본다. 웨슬리는 신생을 "하나님께서 영혼을 살리실 때, 즉 죄의 사망으로부터 의의 생명으로 옮기실 때, 하나님이 인간의 영혼 속에서 역사하시는 위대한 변화"라고 불렀다.4) 이 활동에 의하여 우리는 새로운 피조물이 되었으며 하나님이 타락 이전 인간에게 의도하셨던 온전한 인간성을 회복하게 되었다.

육체의 탄생에는 태아로부터 완전한 존재로의 변천이 있다. 이러한 변천은 성숙한 삶에 필연적으로 따르는 일이다. 인간은 어머니의 몸 밖에서 살게 되어 있다. 신생의 경우에도 역시 변천이 있다. 우리는 영적 죽음으로부터 영적 생명으로 나아간다. 우리는 죄의 감옥을 벗어나 살도록 창조되었다. 여기에 관계되는 것이 능력의 개념이다. 우리는 태어날 때에 일정한 일을 수행 할 수 있는 능력을 부여받았다. 이와 마찬가지로 신생은 우리가 죄를 이기며 살 수 있는 능력을 제공한다. 그리스도인과 죄와의 관계에 관한 이러한 개념이 웨슬리 신학의 강점이다. 웨슬리는 그리스도인이 죄를 정복할 수 있는 능력을 가지고 있다고 확고하게 믿었다.

유감스럽게도 웨슬리는 바로 이 점에서 잘못 인식되었던 것이다. 어떤 사람들은 웨슬리가 죄의 실제적 근절을 의미하고 있다고 해석하였다. 이러한 논거로 그들은 죄가 제거될 수 있다고 웨슬리가 믿었다는 인상을 남겼다. 웨슬리 자신이 말하도록 하는 것이 가장 좋은 방법이다. 웨슬리는 "성서적 구원의 방법"이라는 설교에서 이 논쟁에 관하여 이렇게 말하였다:

> 그러므로 여기에 극단적으로 해로운 의견이 나올 수 있습니다. 해로운 의견이라는 것은 보기에는 아무렇지도 않은 것 같으나 실상은 해로운 것, 곧 "신자에게는 죄가 없다"는 의견입니다. 다시 말하면 사람이 의롭다하심을 입는 순간에 모든 죄는 그 뿌리와 가지가 모두 멸절되었다는 견해입니다. 이런 견해는 의인 후에 오는 회개를 전적으로 하지 못하도록 막아서 결국은 성화에 이르는 길을 아주 차단해 버리고 마는 것입니다. 마음에나 생활에 죄가 없다고 믿는 사람에게는 회개의 여지가 없습니다. 따라서 사랑으로 온전해질 여지도 없는 것입니다. 이 온전한 사랑에 이르는 데는 회개가 절대로 필요한 것입니다.5)

의롭다하심을 받은 사람에게도 여전히 죄가 남아 있게 된다는 점을 웨슬리는 분명하게 말했는데, 그렇지만 그 죄는 지배의 힘을 갖지 못하고 있다.6) 죄가 근절될 수 있다는 사상이 가지고 있는 잘못된 점은 죄를 물건으로 다루는 것이다. 우리는 이미 웨슬리가 죄를 실체적인 것으로 보지 않고 관계적인 것으로 보고 있음을 살펴보았다. 죄는 "물건"이 아니므로 외과의사가 종양을 제거하듯이 잘라낼 수 없다. 제거라는 말보다 더 나은 단어는 화해인데 이 말은 관계적인 용어이다. 화해란 멀어졌던 관계가 회복되어져 가는 과정을 말한다. 웨슬리에게 이것은 바로 신생이 의미하는 바이다. 화해는 하나님과 인간 사이에 다리를 다시 놓고 의사소통의 길을 다시 열어준다. 화해는 죄로 인하여 끊어졌던 관계를 다시 살린다. 그리고 관계가 다시 회복되면 또 다시 파괴되어야 할 이유가 없게 된다.

웨슬리가 죄를 정복할 수 있다고 가르칠 때 그가 어떤 의미로 "죄"를 이해하고 있는가를 알아야 할 필요가 있다. 웨슬리는 이렇게 말하고 있다, "나는 죄를 외적 죄… 곧 〔죄를 짓는〕 그 순간에 위반하고 있다는 사실을 알면서 저지르는, 실제적이고 의도적인 율법에 대한 위반을 의미하는 것으로 이해하였다."7) 이것을 기억해 두는 것은 매우 중요하다. 웨슬리는 비의도적인 죄의 가능성을 항상 열어 두었으나 이러한 비의도적인 죄가 하나님의 정죄를 불러온다고는 믿지 않았다. 다르게 설명하면 웨슬리는 한 사람이 의롭게 될 때에 능력을 받아서 모든 경우에 의로운 길을 선택할 수 있다고 믿었다. 어떤 신자도 반드시 죄를 지어야만 하는 사람은 없다. 어떤 신자도 불가피하게 죄에 얽매인 사람은 없다. 웨슬리는 "하나님으로부터 태어난" 이후에 죄를 범한 개인들의 사례를 알고 있었다.8) 웨슬리가 내린 결론은 어떤 사람이 그의 생명을 잘 돌보지 않는다면 의롭다하심을 얻은 이후에도 죄에 넘어질 수 있다는 것이었다. 그렇지만 웨슬리는 회심한 후에 죄를 짓는 것은 필연적인 일이 아님을 강조하였다.

이러한 점을 마음에 두고 죄를 정복한다는 웨슬리의 말이 어떤 의미로 사용되었는 가를 보다 명확하게 살펴보도록 하자. 회심의 때에 하나님은 과거의 죄를 용서받기에 충분하도록, 그리고 앞으로 죄로 이끌려 갈지도 모를 미래의 상황에 대비하여 의지를 강화시키기에 충분하도록 우리에게 은혜를 주셨다. 웨슬리는 하나님의 은총보다 더 능력있는 순간이나 사건을 상상할 수 없었다. 은총은 언제나 죄보다 크다. 죄로 돌아가게 되는 것은 인간의 의지 때문이지 은총 때문이 아니다. 신생은 하나님의 형상을 갱신시키며, 하나님의 형상의 갱신은 그리스도 안에서 온전한 성숙을 향하여 나아가도록 우리를 지키고 이끄신다.

이렇게 해서 웨슬리는 구원의 결과에 관한 세 번째 요소를 말하게 되는데 그것은 초기의 성화(初期聖化)이다. 의인은 하나님께서 우리를 위하여 행하신 것이다. 신생은 하나님께서 우리 안에서 행하신 것이다. 초기 성화는 하나님께서 우리 안에서 시작하신 것이다. 웨슬리는 회심의 때에 내적/외적 성결이 시작된다고 말한다.9) 그리고 이 시작의 때에 몇 가지 중요한 일들이 일어나는데, 곧 그리스도인의 생활에 있어서 성숙을 가능케 하는 그런 일들이다.

첫째, 진정한 의가 시작된다. 하나님께서 사람을 부르실 때 준비되어 있지 않은 사람을 부르신다고 웨슬리는 생각할 수 없었다.10) 회심의 때에 하나님은 우리를 의롭다고 선언하실 뿐 아니라 그리스도의 의로 실제적으로 우리를 의롭게 만드신다. 이 의는 더 이상의 발전을 필요로 하지 않는 완전한 의는 아니지만 순전한 의이다.

　　이 견해는 죄를 질병으로 보는 견해와 일치한다. 약이 주어지면 그 약이 가져다주는 치료의 힘을 입어 건강해진다. 의사는 단순히 나을 것이라고 선언하기만 하지 아니하고 우리 몸에 실제적 변화를 가져올 약을 준다. 우리는 약의 효능으로 말미암아 건강해진다. 그 결과 온전히 치유되는 것이다. 영적생활에서 이러한 비유가 의미하는 바는 하나님께서 "너는 의롭게 되었다"라고 말씀하실 때 실제적 근거 없이 그저 손가락을 포개며 말씀만 하시지 않았다는 것이다. 이와 반대로 우리는 그리스도의 의를 실제적으로 부여받는데 이 그리스도의 의가 우리의 성품을 온전하게 변화시킨다.

　　이와 관련된 것이 순수한 정결(淨潔)이다. 회심의 때에 우리의 마음은 죄로부터 씻음 받으며 성령께서 거하실 자리로 적합하게 만들어진다. 내부로부터 말미암는 성령의 행동은 우리의 삶 전체를 변화시키려고 한다. 개인적 성결은 사회적 성결로 확장된다. 죄로부터의 구원은 봉사를 위한 구원으로 이어진다. 그동안 하나님이 우리의 영 안에서 행하셨다면, 이제는 우리의 몸과 정신과 감정과 인간관계 가운데 일하려고 밖으로 움직이신다.

　　웨슬리가 초기의 성화에 관하여 말하고 있음을 알아야 한다. 웨슬리는 우리가 반드시 한 번의 영적 경험에만 머물거나 의존해야 한다고 생각해 본 적이 없다. "초기의 성화"라고 이름을 붙인 것은 은총의 역동성을 유지하려고 하려는 것이며, 은총과 지식과 의로움 안에서 앞으로 계속 자라가야 할 필요가 있음을 지적하고자 하는 데 있다. 웨슬리의 신학은 "계속하라!"라는 권고로 언제나 요약된다고 하는 말은 너무나 적절한 말이다.

　　레인 아담스(Lane Adams)는 『어째서 나는 나아지려는데 이렇게 오랜 시간이 걸릴까?』"(How Come It′s Taking Me So Long to Get Better?)라는 책을 썼다. 책 제목 자체는 좀 길지만 웨슬리가 의미한 바에 매우 근접한 예를 사용하고 있다. 세계 제2차대전 중에 미군은 남태평양의 섬들을 정복하기 위하여 "해안 교두보 작전"을 사용하였다. 그들의 목표는 섬의 일부를 점령하려는 것이었는데 아무리 작은 부분이라도 상관치 않았다. 그런 후 그 해안 교두보로부터 섬 전체를 모두 점령하기까지 그들의 길을 헤쳐나갔다.

웨슬리가 말하려는 것은 이와 아주 유사하다. 회심의 순간에 성령이 하나님을 위하여 우리 삶의 일부를 붙드신다. 이 초기 점령의 넓이는 각 사람에 따라 다르지만 실제로 어느 누구도 (뒤를 돌아보며) 하나님이 단번에 모두 점령하셨다고 주장할 수는 없을 것이다. 그러나 하나님은 당신의 것으로 부르려고 한 부분을 차지하신다. 이 때로부터 성령은 더 많은 부분의 삶을 그의 지배하에 두기까지 계속적으로 움직이기 시작하신다. 이것이 웨슬리주의의 은총의 역동성인데 진정한 변화를 인식하고 있으면서 동시에 계속적으로 성장해 가야 할 필요를 말하고 있다.

이제까지 구원의 중요한 결과를 살펴보았다. 의인은 하나님 앞에 설 새로운 자리를 제공한다. 신생은 죄를 다스리고 그리스도를 위하여 살아갈 새 능력을 준다. 그리고 초기의 성화는 그리스도를 닮은 성품을 향한 진정한 발전을 시작하도록 하며 우리의 삶을 정결하고 능력있게 하기 위하여 성령에게 터전을 마련해 준다.

이와 관련해서 미식 축구경기의 예를 생각해 보면 도움이 된다. 매 주 수백만 명의 팬들이 좋아하는 팀의 경기를 보려고 경기장을 메운다. 그런데 사람들이 자리에 앉았을 때 경기장의 시끄러운 스피커에서 다음과 같은 말이 울려나왔다면 어떤 일이 벌어질까? "오늘의 경기는 임의로 두 번째 쿼터부터 시작하겠으며, 점수는 21대

14로 홈팀이 이기고 있는 것으로 하겠습니다." 사람들은 당황하여 서로 마주볼 것이다. 그들은 혼란스러워할 것이며 난폭해질 것이다. 사람들은 이런 식으로 미식 축구를 하지 않는다는 것을 안다. 그들은 물을 것이다, "경기를 시작하는 시축(始蹴)은 어떻게 되었나?" 시축은 반드시 있어야 한다.

　예수는 "반드시 거듭나야 한다"고 말씀하셨다. 거듭남을 남겨둔 채 다른 것으로 옮겨갈 수는 없다. 또한 킥 오프를 하고 나서 바로 집으로 돌아가지도 않는다. 완전한 경기가 이루어지기 위해서는 네 번의 완전한 쿼터 게임이 있어야 한다. 시축은 전체 경기를 시작하게 하며 남은 경기를 위한 무대를 만든다. 회심이 모든 것을 시작하게 한다. 회심이 우리 삶에 이러한 역동성을 주어 우리의 남은 삶을 그리스도를 위하여 살 수 있게 만든다. 이러한 결과는 우리를 미래로 인도하여 효과적인 제자도에 적합하도록 만들기 위한 것이다. 회심을 통해 성령은 우리 안에 있게 되시며 과거를 다스리실 뿐 아니라 미래를 위한 비전을 우리에게 주신다. 그리고 우리의 삶이 지속되는 한 그것이 가장 좋은 구원의 결과이다!

토의를 돕기 위한 질문

1. 회심의 경험을 과거에 있었던 일회적 사건으로 제한하고 그것을 그리스도인의 경험의 전부인 것처럼 여기는 태도에 대하여 웨슬리의 신학은 무엇이라고 말하고 있습니까?

2. 하나님은 의롭게 변화되지 않은 사람을 의롭다고 부르지 않으신다는 웨슬리의 신념에 대해 어떻게 생각하십니까?

3. 의인과 신생 그리고 초기의 성화의 개념을 깊이 생각해 보십시오. 이 개념들이 여러분의 그리스도인으로서의 경험에 어떤 중요성을 가집니까?

더 깊은 연구를 위하여

설교, "믿음으로 말미암는 구원", 『요한 웨슬레 설교선집』 I,
        pp. 12-28.

설교, "믿음으로 말미암는 구원", 『존 웨슬리 총서』 제1권,
        pp. 19-31.

설교, "성서적 구원의 길", 『요한 웨슬레 설교선집』, pp. 151-169.

설교, "성서적 구원의 길", 『존 웨슬리 총서』 제2권, pp. 370-85.

설교, "신앙에 의한 칭의", 『존 웨슬리 총서』 제1권, pp. 80-95.

설교, "성령의 첫 열매", 『존 웨슬리 총서』 제1권, pp. 125-39.

설교, "신생", 『존 웨슬리 총서』 제2권, pp. 203-17.

지금 멈추지 말라
(은총 안에서의 성장)

사람이 인간의 본성과 하나님의 은총에 대해 어떻게 믿고
있는가 하는 것은 그가 체험하게 되는 그리스도인의 생활에
직접적인 영향을 미치게 될 것이다.

밀드레드 와인쿱 (Mildred Wynkoop)

6

지금 멈추지 말라
(은총 안에서의 성장)

웨슬리의 신학은 은총의 신학이다. 우리의 영적 생활에서 우리가 어느 곳에 있든지 우리는 은총에 의하여 그 곳에 이르렀으며, 은총 안에서만 더 나아갈 수 있다. 그리스도의 부르심은 성장을 위한 부르심이다. 웨슬리주의의 공식은 다음과 같다: "은총 더하기 반응은 성장이다." 우리의 삶 가운데 "나는 필요한 것을 모두 가지고 있다"고 말할 수 있는 곳이란 없다.

그러나 우리는 어떻게 성장해 나갈 수 있을까? 하나님께서 우리에게 특정한 경험들을 제공해 주시는데 이 경험을 통하여 우리는 은혜 가운데 성장해 나갈 수 있다. 웨슬리의 사역에서 강조된 중요한 것 중 하나는 신자들을 믿음 안에서 양육하는 것이다. 불행하게도 이러한 측면의 사역은 그가 여행을 하면서 전도하는 전도자였다는 사실 때문에 자주 가리워져 왔다. 웨슬리가 멀리 그리고 방대한 지역을 여행하면서 사람들을 그리스도에게로 인도한 것은 사실이지만, 그들을 전도할 뿐 아니라 제자화하고자 하였음 또한 사실이다. 웨슬리는 단순한 개종자나 영적 유아를 얻는 것으로 만족하지 아니하였다. 웨슬리는 하루하루 그리스도인다운 삶을 살아갈 수 있는 사람과 다른 이들을 믿음으로 인도할 수 있는 사람을 원하였다. 따라서 웨슬리는 은총 안에서 계속하여 자라나게 하는 요소들을 강조하였다.

첫째, 웨슬리는 우리가 확신감에 기초하여 은총 안에서 성장한다고 가르쳤다. 믿음은 확신을 준다는 것이 웨슬리 신학의 중심 주제이다. 이 주장과 관련하여 웨슬리가 가장 선호한 성경은 로마서 8장 16절 인데, "성령이 친히 우리 영으로 더불어 우리가 하나님의 자녀인 것을 증거하신다"는 말씀이다. 웨슬리는 사역 초기에 확신에 대하여 매우 강하게 느꼈기 때문에 확신이 없이는 온전한 구원도 없다고 가르쳤다. 1740년 중반 경에 그는 확신을 가리켜 구원의 필요 조건은 아니지만 "모든 그리스도인들의 공통된 특권"이라고 말하면서 그의 입장을 수정하였다.[1]

다른 경우와 마찬가지로 웨슬리는 이 경우에도 경험으로 그의 스승을 삼았다. 그의 사역에서 웨슬리는 구원의 경험을 간증할 수 있는 사람들을 발견할 수 있었으나 또한 구원의 경험을 여전히 의심하는 사람도 만났다. 그는 이것을 새신자들을 기쁨과 평화와 능력으로부터 빼앗기 위한 사탄의 도구 중 하나라고 보았다. 따라서 웨슬리는 확신의 교리를 더욱 강조하기에 이르렀는데, 이제는 구원받은 증거로서가 아니라 성장하도록 동기를 유발시키기 위하여 그렇게 하였다.

우리는 웨슬리가 기독교를 관계로 이해하였다는 사실을 상기해 볼 때 이 점을 더욱 잘 이해할 수 있게 된다. 관계의 안전과 사랑이 있을 때에 온전한 성장이 있게 된다. 웨슬리는 성령께서 이것을 공급 하신다고 말했다. 성령께서 우리 마음에 와서 우리가 하나님의 자녀인 것을 알려 주신다. 우리는 "구원 받았기를 바래", "구원 받은 것 같해", 또는 "구원 받았을지도 몰라" 식의 신앙으로 살아가서는 안된다. 만약 구원이 당신에게 하찮은 일이어서 구원을 얻고도 그 것을 모를 정도라면, 구원을 잃어버리고도 말하지 않을 것이라고 에드 롭 박사(Dr. Ed Robb)는 말하였다. 우리가 하나님의 자녀라 는 사실을 증거하여 주는 것은 성령의 사역이다.

유감스럽게도 확신은 그동안 잘못 이해되어 왔다. 어떤 사람은 그리스도인이 확신을 갖는 것을 불가능한 일이라고 생각한다. 그러 한 사람들은 하나님이 당신의 자녀들에게 주시려고 선택한 바에 확 신은 포함되어 있지 않다고 주장한다. 그러므로 우리가 할 수 있는 최선의 길이란 〔확신이〕 유보된 상태 가운데 최상의 단계에서 살아 가는 것 뿐이라고 한다. 이렇게 주장하는 사람들은 확신을 주장하 는 것이 성장의 동기를 저해한다고 말한다. 그러나 웨슬리는 확신 을 성장하게 하는 동기라고 설교하였음을 우리는 보았거니와 앞으 로 더욱 분명하게 증명해 보일 것이다. 확신은 감리교의 "영원한 보 증"이 아니었다. 웨슬리에게 확신은 현재의 관계와 상관된 것이지 미래를 보장해 주는 것은 아니다. 오직 순종과 신실성만이 미래를 책임진다.

어떤 사람들은 확신에 관하여 증거하는 어떠한 것도 교만의 표현 이라고 본다. "신앙의 확신을 말하는 것은 영적 망상처럼 들린다"고 그들은 말한다. 실제로 한 사람이 어떤 특정한 경험이나 행위에 근 거하여 확신을 증거 한다면 그것은 망상일 수 있다. 왜냐하면 웨슬 리는 진정한 확신을 소유한 사람이 "보라, 나는 얼마나 위대한 그리 스도인 인가"라고 말하지 않는다고 했다. 오히려 "보라, 나는 얼마 나 위대한 구세주를 소유하고 있는가!"라고 말하게 된다. 웨슬리가 주장하는 확신의 요점이 여기에 있다. 그리스도는 능력있게 우리의 삶 안으로 들어오셨으며 확신은 바로 이 그리스도가 내주(內住)하신다는 사실을 믿는 것이다.

여러가지 오해에도 불구하고 한 가지 정당한 질문이 남는다. 확신을 뒷받침할 수 있는 근거는 무엇일까? 진정한 확신과 추정을 구분 할 수 있을까? 우리가 자신을 속이고 있지 않음을 확실하게 알 수 있는 길이 있을까? 웨슬리라면 이와같은 질문들에 그렇다고 대답하였을 것이다. 어떤 사람이 그가 가지고 있는 확신의 신실성을 판단하기 위하여 사용할 수 있는 일련의 시험 방법을 웨슬리는 공급하였다.2)

첫째, 웨슬리는 바울이 그렇게 말했던 것처럼 성령의 증거가 있다고 가르쳤다. 성령은 우리를 우리가 아닌 어떤 다른 것으로 부르시지 않을 것이다. "우리는 먼저 마음과 생활의 성결을 이룬 후에라야 그것을 인식할 수 있다"고 웨슬리는 기록하였다.3) 하나님께서 먼저 행동하신다. 하나님께서 먼저 우리를 사랑하셨기 때문에 우리도 그분을 사랑한다(요일 4:10). 웨슬리는 확신에 객관적 근거가 있다는 것을 분명하게 이해하기를 바랐다. 우리는 확신에 관하여 꿈꾸고 있는 것이 아니다. 확신은 하나님의 선물인데, 성령을 통하여 그리고 그리스도의 구속을 통하여 매개되어진 것이다.4) 성령이 증거하실 때 성령은 실제로 일어난 어떤 일에 대하여 그렇게 하시는 것이다.

둘째, 우리 자신의 영의 증거를 검사할 수 있는 방법이 있다. 자신들을 잘 살펴보면 우리의 삶 가운데 거하시는 하나님의 은혜를 알게 해주는 네 가지 요소가 있음을 알 수 있다. 첫째로, 우리는 자신들이 죄를 회개했음을 안다. 바로 전 장에서 우리는 회개가 우리 의지의 실행과 분리된 채 일어나지 않는다는 사실을 보았다. 우리는 의식적인 결정에 의하여 변화된다. 그래서 웨슬리는 회개한 것을 스스로 알 수 있다고 말했다. 둘째로, 우리는 자신의 삶 안에 일어나는 변화를 알 수 있다. 웨슬리는 이 변화를 가리켜 어둠에서 빛으로, 사탄의 힘으로부터 하나님의 능력으로의 변화라고 불렀다.5) 셋째로, 우리는 자신 안에 생겨난 새로운 성품을 알 수 있다. 여기가 바로 성령의 열매가 들어와 있는 곳이다(갈 5:22-23). 그리고 네째로, 우리는 하나님께 봉사하면서 기쁨을 발견한다. "하나님을 진정으로 사랑하는 사람은 하늘에서 이루어진 것처럼 땅에서도 하나님의 뜻이 속히 이루어지기를 바란다."6)

이러한 검증을 통하여 웨슬리는 누구든지 진정한 확신과 추측 사이를 구별할 수 있다고 믿었다. 확신의 교리가 확실한 기반을 가지고 있다는 결론에 이르면서 웨슬리는 예수 그리스도의 은총과 지식 안에서 기꺼이 성장하려는 동기가 유발되어야 한다고 믿었다.

은총 안에서의 성장에 관한 웨슬리의 두 번째 중요한 가르침은 성장이 이루어지는 실제적인 방법들과 함께 다루어져야만 한다는 것이다. 웨슬리에게 있어서 신앙의 성장은 은총의 수단을 사용하는 가운데 일어난다. "은총의 수단"(means of grace)이라는 말은 개신교와 로마 가톨릭 측에서 사용하는 특별한 용어로서, 이 은총의 수단을 통하여 하나님께서 그의 백성들에게 은혜를 베푸신다는 특수한 통로를 묘사한다. 웨슬리는 이 "수단들"에 하나님의 은총을 제한시키지 않았고, 은총의 수단은 하나님께서 신자들을 은혜 안에서 성장시키기 위해 사용하는 일반적인 방법이라고 믿었을 뿐이다.7)

여러가지 종류의 은총의 수단을 논의하기에 앞서 은총에 대하여 전반적으로 언급하는 것이 필요하다고 생각된다. 웨슬리는 은총의 수단 그 자체를 무슨 능력을 가지고 있는 것으로 믿지 않았다. 은총의 수단만을 사용하는 것은 은혜 안에서의 성장을 보장해 주지 못한다. 은총의 수단은 그저 수단이지 그 자체가 목적이 아니다. 그러므로 웨슬리가 은총의 수단을 사용할 것을 주장할 때 그것은 율법적이거나 기계적 의미에서 한 말이 아니다. 하지만 그는 이러한 도구적 통로들이 하나님이 은총을 사람들에게 전달하려는 목적을 위해 사용되었다고 믿었다. 웨슬리는 은총의 수단을 두 그룹으로 나누었다. (그리스도에 의해 제정된) 제도적 수단(the instituted means)과 (교회에 의해 제정된) 권면적 수단(the prudential means)이 그것이다. 제도적 수단이 웨슬리의 주요 관심이었으나 그는 하나님이 권면적 수단을 통하여도 역사하신다고 믿었다.

첫 번째 제도적 은총의 수단은 기도이다. 기도가 첫째로 오는 것은 웨슬리가 기독교를 관계로 이해하고 있음에 기인한다. 웨슬리는 기도를 "하나님께로 가까이 이끌어가는 최고의 수단"이라고 부르며, 다른 모든 수단은 기도와 함께 실행되어야 한다고 생각했다.8) 모든 관계 ―신적 관계든지 인간적 관계든지― 는 온전한 의사소통을 필요로 한다는 생각이 웨슬리 사상의 중심에 있다. 그는 기도를 하나님과 인간 사이를 다리놓는 바로 그 의사소통의 도구로 인식하였다.

언젠가 부흥회 때에 한 사람이 찾아와 자신이 영적으로 고갈되어 있음을 고백하였다. 하나님과의 관계를 그에게 물어 보는 중에 나는 그 사람이 일년 이상을 정규적으로 진지하게 기도하지 않았음을 발견하게 되었다. 더 이야기를 나누는 중에 나는 이 점이 바로 그 사람의 문제의 핵심임을 확신할 수 있었다. 의사소통의 통로가 막혀 있어서 그는 하나님으로부터 어떤 신선한 말씀도 들을 수 없었으며, 자신의 말이 하나님께 도달하지 못함도 느낄 수 없었던 것이다.

웨슬리는 기도의 부족을 "광야의 상태" (영적 고갈과 목적 상실의 상태)의 공통된 원인이라고 불렀다. 그는 한 사람의 삶에 있어서 기도의 부족은 다른 어떤 수단으로도 채워질 수 없는 것이라고 계속하여 말하였다.9) 그 자신이 이렇듯 기도의 불가피성을 믿었기에 웨슬리는 사람들에게도 개인 기도와 공동 기도에 성실할 것을 강조하였다. 그의 삶은 그 자체가 기도의 훈련과 규칙성에 대한 모델이었다. 매일의 시간들은 기도로 묶여져 있었으며 매일의 삶에는 기도가 배어있었다. 그 결과로 그는 은총 안에서 성장을 체험하게 되었다.

두 번째 제도적 은총의 수단은 이른 바 "성서 탐구"이다. 웨슬리는 성서의 능력을 알고 있었다. 그는 자신을 가리켜 한 책의 사람이라고 불렀으며, 모든 감리회원들이 성서적인 기독교인이 되기를 원했다.10) 웨슬리는 그의 추종자들이 성서를 사용하는 것을 잘 돕기 위해 신구약성서의 주해를 엮어 내었으며 적정한 가격에 살 수 있도록 하였다.11) 성서의 최우위성에 대한 웨슬리의 강조는 성서를 통하여 하나님께서 진정한 지혜를 주시고, 확증하시고, 지혜를 증가시키신다는 그의 확신에 기초하고 있다.

따라서 웨슬리는 하나님의 말씀에 관한 지식을 증가시켜 줄 수 있는 특정한 원리를 마련하였으며, 그 원리들이 최대의 효과를 가져오도록 허용하였다. 첫째로, 웨슬리는 일부분이 아닌, 성서 전체를 알아야 한다고 했다. 그는 신구약성서를 골고루 읽어야 한다고 주장하였다. 둘째로, 웨슬리는 정기적으로 성서를 읽는 것이 영적 성장에 가장 적절하다고 믿었다. 공 기도서(Common Prayer)의 매 과에 제시된 성서 본문을 따라 읽는 것이 주로 그 자신의 실천 방법이었다. 그러나 그는 때로 하나님이 지시하신다고 느껴지는 본문을 읽을 수 있는 내적인 자유를 유지하였다. 세째로, 웨슬리는 읽은 내용을 신중하게 적용시키며 즉각적으로 실천에 옮겨야 한다고 믿었다. 그는 실천할 것을 전제로 하지 않는 성서 읽기를 거의 하지 않았다. 반면에 그는 성서를 읽는 사람이 "이 말씀은 나에게 어떤 의미를 주는가?" "어떻게 내가 다른 이들을 위하여 성서의 진리를 실행에 옮길 수 있을까?"라고 묻기를 원하였다. 이러한 방식으로 성서는 중요한 은총의 수단으로 사용 되었다.

주의 만찬은 제도적 은총의 수단에 있어서 세 번째의 수단이 된다. 웨슬리는 보통 사 오일에 한 번 정도 성찬을 시행하였다. 그는 초기 감리회원들에게 "지속적 성찬"을 역설 하였는데, 그것은 성찬식이 있을 때마다 가능한대로 빠지지 않고 참석하는 것을 말하였다. 많은 경우에 웨슬리는 감리회원들이 설교를 듣기 위하여 모이는 회당으로부터 영국 교회당으로 가도록 배려 하였는데 그 이유는 그들이 성찬을 받을 수 있도록 하기 위함이었다. 영국국교회가 더 이상 감리회원들을 환영하지 않게 되었을 때 웨슬리는 그의 추종자들을 위하여 주의 만찬을 베풀 수 있는 정당한 방법을 찾아내었다.

웨슬리는 왜 감리회원들이 가능한 때 마다 성찬을 받아야 한다는 데에 그렇게 깊은 관심을 가졌을까? 그 이유는 웨슬리가 성찬의 경험을 상징 이상인 것으로서 그리스도와 실제적으로 교제하며 하나님의 은총을 받는 기회라고 믿었기 때문이었다. 그는 화체설(化體說)에 이르지는 않았지만, 그래도 그리스도가 성찬식에 현존한다고 믿었다. 일상적으로 주의 만찬은 신자에게 주어진 특혜이며 은총 안에서 성장하는데 도움이 되는 것이다. 그러나 웨슬리는 성찬이 또한 회심시킬 잠재성을 가지고 있음을 믿었다. 그러므로 웨슬리의 성찬 초청은 진심과 전심으로 죄를 회개한 자, 곧 이웃간의 사랑과 선행의 관계에 있는 사람은 누구든지 참여할 수 있다는 성찬의 공개성을 보여주는 것이며, 그들을 하나님의 명령을 따르는 새로운 삶으로 인도하려고 의도한 것이었다. 이렇게 되어 주의 만찬은 초기 감리회 예배의 특색으로 자리하게 되었다.12)

네 번째 제도적 은총의 수단은 금식이다. 웨슬리는 그의 생애와 사역의 초기에 수요일과 금요일을 금식일로 지켰다. 이것은 초대 교인들의 실천과 일치하는 것이었다. 나중에는 수요일을 포기하고 금요일을 금식일로 신실하게 지키도록 그의 추종자들에게 강조하였다. 웨슬리가 금식을 고행이나 긴 경험으로 보지 않았음을 아는 것은 중요하다. 웨슬리는 금식의 효력이 그 기간이나 강도에 있지 않다고 보았으며, 오히려 하나님과 영적 관심을 위하여 특별하게 시간을 제정하는 헌신에 있다고 믿었다.

웨슬리는 대개 목요일 저녁식사 후에 금식을 시작하였으며 금요일 오후에 티타임을 가지면서 마쳤다. 그 사이에 그는 기도와 경건 생활에 특별한 시간을 바쳤다. 특별한 일이 있을 경우에는 더 긴 시간을 금식하였다. 그렇지만 평상시 은총의 수단으로는 이렇게 행하는 것으로 충분하다고 생각했다. 웨슬리는 이와같은 규칙적인 매주의 금식을 통하여 하나님께서 그리스도인의 삶을 풍성하게 하기 위한 은총을 내려 주신다고 믿었다.13)

다섯 번째 제도적 은총의 수단은 공동체 안에서의 그룹 교제, 또는 웨슬리가 부른 대로 "기독교 총회"이다. 이 총회는 소집된 이후 초기 감리회 갱신의 중요한 도구로 자리잡게 되었다. 웨슬리는 그가 설교하였던 곳마다 양육을 위하여 신자들을 조와 속회 그리고 신도회로 조직하려고 노력하였다. 1743년에 그는 이 모임들로 연합 신도회(united society)를 구성하였는데 이것은 영국국교회 안의 한 운동이 되었다. 감리교는 웨슬리가 사망한 직후까지 더 커

다란 몸 〔영국국교회〕 안의 "작은 교회"로 남아 있었다.

위에서 말한 감리회원도 양육의 세 단위에서 나타나는 다양한 역동성을 보는 것은 흥미롭다. 조(組)는 네 명에서 여덟 명으로 구성되는 같은 성(性)과 그리고 가능한 대로 비슷한 신앙의 성숙도를 가진 사람들의 모임이다. 웨슬리는 모든 신자들이 그들 삶의 관심을 나누고, 경험의 공통성을 찾으며, 적극적 도움을 얻을 수 있는 작고 친밀한 자리가 필요하다고 믿었다. 속회는 열두 명 정도로 구성되는 성과 신앙 경험에 구별 없이 모인 모임이다. 얼마 지나지 않아 속회는 감리회 양육의 핵심체가 되었는데 남녀 평신도 지도자에 의해 주로 인도되었다. 속회 지도자는 "초급 목자"(undershepherd)로서의 기능을 가지고 모임에 속한 회원들을 영적으로 돌보는 책임을 가졌다. 신도회는 그 자체가 감리회 조직 중 가장 큰 모임으로서 대개 사십 명이 넘었다. 이 모임은 성서 강해, 찬양, 간증, 기도를 위하여 매주 모였다. 가능하다면 성직자가 신도회를 이끌었으나 평신도에 의해서도 자주 인도되었다. 각 단계에 있어서 동적인 힘은 달랐지만, 이 모임들을 통한 경험 전체는 종합적인 양육과 제자도를 이루어내었다.

웨슬리가 이 은총의 수단을 중요하게 여기고 있음을 우리는 그가 했던 두 번의 언급에서 볼 수 있다. 웨슬리는 언젠가 이런 말을 하였다. "깨우침을 받은 이들과 함께 연합하지 않은 채 사도처럼 설교하는 것과 그들을 신앙으로 훈련하는 것은 아이를 낳아 살인자에게 내어주는 것과 같다."14) 이것은 그가 펨브루크셔(Pembrokeshire) 지방을 방문한 후의 견해인데 그 곳에는 정규 신도회가 없었던 것이다. 웨슬리의 평가는 "결론적으로 말하자면 일깨움을 받은 열명 중 아홉명이 지금 어느 때 보다 깊이 잠들어 있다"는 것이었다.15)

제자도의 중요성이 상실된 곳에는 감리회가 생명력있는 운동으로 남아 있을 수 없다는 것을 웨슬리는 깊이 인식하였다.

이상이 다섯 가지 제도적 은총의 수단들이다. 웨슬리는 하나님이 회심시키고 확증시키는 은총을 이러한 은총의 수단을 통하여 우리에게 전달하려고 정하셨다고 믿었다. 이 외에도 웨슬리는 세 가지의 권면적 은총의 수단을 인정하였다. 그것은 해로운 일을 하지말 것, 가능한 대로 모든 선한 일을 할 것, 사적/공적 모든 예배에 참석할 것 등 세 가지였다.16) 웨슬리는 이 수단들을 감리회 신도회의 회원권을 유지하기 위한 조건으로 삼았으며, 회원들은 이러한 기준에 따라 살아가고 있는가의 여부를 정기적으로 점검받아야 했다.

이러한 생각의 중심에는 은총 안에서의 성장은 우연한 것이거나 자동적인 것이 아니라는 웨슬리의 확신이 자리하고 있다. 신자는 떠돌거나 비틀거리며 나아가다가 성숙에 도달하지 않는다. 하나님은 우리에게 구원을 허락하지 않으면서 우리들에게 최선을 다해 보라고 말씀하시지 않는다. 오히려 하나님은 특별한 도구를 주시고 그 도구를 통하여 우리를 양육하신다. 확실한 것은 하나님은 이러한 수단에 제한받지 아니하신다는 것이다. 그렇지만 하나님은 신자를 효과적으로 성장시키기 위한 일차적이고 정상적인 방편으로 이러한 수단을 사용하신다. 이러한 은총의 수단을 어떠한 방법으로도 사용하지 않고 생명력있게 성장하는 그리스도인이 된 사람을 나는 아직 만나 보지 못했다.

신앙 생활에는 언제나 높고 낮음, 올라가고 내려감, 진보와 퇴보가 있게 마련이다. 그리스도인에게도 다른 이들과 마찬가지로 좋은 날과 나쁜 날이 있다. 이렇게 생각하는 것은 사실을 바르게 보고 있는 것이다. 산 꼭대기에 선 것과 같은 경험을 할 때가 있지만 매일 그러한 경험이 찾아 오는 것은 아니다. 그리스도인의 성장에 있어서 열쇠가 되는 것은 감정이 아니라 신실성이다. 하나님은 당신의 신실성을 은총의 수단을 주시는 것으로 표현하셨다. 우리는 우리의 신실함을 은총의 수단을 이용하여 표현한다. 그리고 이 하나님과 인간의 만남 안에서 은총은 우리의 삶 가운데로 흘러 들어오고 우리는 그리스도의 형상에 더욱 분명하게 일치되어 가도록 인도된다.

토의를 돕기 위한 질문

1. "은총 + 응답 = 성장"이라는 공식을 음미해 보십시오. 이 공식은 지금 여러분의 삶에 어떤 의미를 주고 있습니까?

2. 웨슬리가 전한 확신의 교리는 여러분에게 어떤 새로운 빛을 비쳐주고 있습니까?

3. 여러 가지 은총의 수단을 돌이켜 보십시오. 그런 다음 (1) 그들 중 하나와 관련된 성장의 경험을 나누어 보십시오. (2) 여러분이 경험하기를 바라는, 여러분에게 필요한 은총의 수단은 무엇입니까?

4. 여러분의 신앙은 성장하고 있습니까, 그렇지 않으면 그대로 있습니까? 은총의 수단은 어떤 도움이 되고 있습니까? 미래의 신앙성장을 계획해 볼 때 도움이 될 수 있다고 생각하십니까?

더 깊은 연구를 위하여

설교, "성령의 증거(Ⅰ)", 『요한 웨슬레 설교선집』Ⅰ,
　　　　pp. 200-218.

설교, "성령의 증거", 『존 웨슬리 총서』 제1권, pp. 159-72.

설교, "우리 자신의 영의 증거", 『요한 웨슬레 설교선집』Ⅰ,
　　　　pp. 237-252.

설교, "우리 자신의 영의 증거", 『존 웨슬리 총서』 제1권,
　　　　pp. 173-85.

설교, "광야의 상태", 『요한 웨슬레 설교선집』Ⅰ, pp. 253-274.

설교, "광야의 상태", 『존 웨슬리 총서』 제2권, pp. 218-35.

설교, "은혜의 수단", 『요한 웨슬레 설교선집』Ⅰ, pp. 275-300.

설교, "은혜의 수단", 『존 웨슬리 총서』 제1권, pp. 186-207.

설교, "산상설교 Ⅶ", 『존 웨슬리 총서』 제1권, pp. 351-68.

Sermon, "The Duty of Constant Communion", *Works*,
　　　　7:147-57.

모든 것의 중심
(그리스도인의 완전)

또 다른 세기가 지나간 지금, 감리교 신학자들이 웨슬리에 의해 강조된 기독자 완전의 가르침을 다시 탐구하고 있는 것을 보는 것은 참으로 고무적인 일이다.

프랭크 베이커 (Frank Baker)

<h1 style="text-align:center">7</h1>

<h1 style="text-align:center">모든 것의 중심
(그리스도인의 완전)</h1>

웨슬리는 그리스도인의 완전을 감리회의 "거대한 보물창고"라고 보았다. 하나님이 바로 이 진리를 선포하게 하시려고 감리회원들을 일으키셨다고 웨슬리는 믿었다.[1] 그렇지만 유감스럽게도 오늘날 웨슬리의 신학 가운데 이 기독자 완전의 교리만큼 논쟁거리가 되는 요소는 없다. 한 편의 극단에는 전적으로 이 교리를 무시하는 사람들이 있다. 반대편의 극단에는 기독자 완전의 교리를 기독교적 경험의 모든 면에서 중요한 요소로 만들고, 또 이 교리를 창문으로 삼아야만 웨슬리 신학의 다른 요소들을 볼 수 있다고 주장하는 사람들이 있다. 이 두 극단 사이에 주류가 되는 대다수의 감리회원들이 있는데, 이 교리를 들어보지 못 했거나 아니면 들었지만 여전히 혼돈하고 있는 사람들이다. 두 극단의 경우 모두 유감스러운 일인데, 왜냐하면 이 교리를 웨슬리 자신이 결코 의도하지 않았던 입장으로 몰아가게 되기 때문이다.

더 나아가기에 앞서 우리가 알아야 할 두 가지 사실이 있다. 첫째, 기독자 완전의 교리는 웨슬리의 신학에 대한 어떤 진지한 연구에 있어서도 생략되어서는 안된다는 것이다. 그뿐 아니라 그리스도인의 경험에 대한 현대적 해석에서도 생략되어서는 안된다. 둘째, 웨슬리가 이 완전의 교리에 관하여 우리가 묻고 싶어하는 모든 질문에 답하고 있는 것은 아니라는 것이다. 그러므로 이 두 가지 전제 사이의 긴장 가운데 해답이 있으며, 그 긴장은 시원하게 해결될 수 있는 어떤 것이 아니다. 우리가 할 수 있는 일은 성실하게 작업에 임할 때 우리 또한 웨슬리의 정신 안에 있게 된다는 사실을 기억하면서 이 교리를 최대한 신실하게 해석하여야 할 책임을 다하는 것이다.

"완전"이라는 단어로부터 시작해 보자. 이 단어를 바르게 이해하는 것은 잘못된 길로 들어서지 않고 바른 출발선상에 있게 하는데 무엇보다 중요하다. 사람들은 이 단어를 듣고 "어느 누구도 완전할 수 없다!"고 소리친다. 분명히 그렇다, 만약 완전이라는 말이 절대적 순수(absolute purity)나 무흠한 행위를 의미한다면 말이다. 그러나 웨슬리는 완전을 그러한 의미로 사용하지 않았다. 만약 우리가 완전을 현대적, 사전적 정의로 받아들이고 그것을 웨슬리의 정의와 동일시 한다면 초점을 벗어나는 것이다. 웨슬리는 완전을 "그리스도인의"라는 의미 깊은 형용사로 한정하고 있음을 주목하라. 그러므로 즉각적으로 이 용어는 새로운 문맥(文脈)에 들어간다. 웨슬리는 그리스도인의 완전을 주장하면서 그것을 새롭고 도달 가능한 것으로 말하고 있다. 우리는 앞으로 그 이유를 살펴보게 될 것이다.

그러나 그리스도인의 완전도 그 한계를 가지고 있다. 첫째, 그것은 영적 무오성 (spiritual infallibility)이 아니라는 것이다. 웨슬리는 신자도 여전히 죄 지을 가능성이 있으며, 절대적 지식이나 절대적 판단 혹은 절대적 실행(absolute performance)을 소유하고 있지 않음을 분명하게 말했다.[2] 웨슬리는 그러한 주장들을 "천사주의"(angelism)라고 부르고, 인간의 능력을 지나치게 높이 보이게 만들려는 것은 오히려 인간의 능력을 부인하는 결과를 낳게 된다고 생각했다.[3] 웨슬리는 그리스도인의 완전은 이 세상을 살아가는 실제 인간들을 위한 것이라고 계속하여 주장하였다.

둘째, 그리스도인의 완전은 탁월한 그리스도인을 만들지 않는다. 웨슬리는 신자들을 상태에 따라 나누고자 하는 어떠한 생각에도 반대하였다. 오히려 반대로 웨슬리는 그리스도인의 완전을 경험한 사람은 겸손함으로 가득차 있을 것이라고 생각했다.[4] 완전을 경험한 사람이라면 다른 이들보다 자신이 우월하다는 생각을 결코 즐기지 않을 것이다. 기독교 신앙의 다른 여러 요소들이 그러하듯이 그리스도인의 완전의 경험은 은총으로 말미암은 것이며 행함으로 말미암지 않았기에 어느 누구도 자랑할 수 없다.

셋째, 그리스도인의 완전은 인생의 문제들로부터 벗어나는 것이 아니다. 사실상 마귀는 하나님께 가까이 나아간 사람들을 무너뜨리는 것을 즐거워하는 듯하다(벧전 5:8). 그리스도인들은 다른 사람들과 마찬가지로 동일한 병균들과 동일한 자연법과 동일한 유혹들에 노출되어 있다.[5] 그리스도인의 완전은 실생활에 대한 면역이 아니다.

넷째, 그리스도인의 완전은 정체적이고 일회적 경험이 아니다. 분명히 웨슬리는 그리스도인의 완전을 한 개인의 순례의 길에서 일어나는 영적 "위기"와 동일시하였다. 사람은 한 순간에 온전히 성화될 수 있다고 웨슬리는 가르쳤다.[6] 그러나 웨슬리가 "순간"을 그리스도인의 전체 경험으로부터 결코 분리하여 생각하지 않았음을 주목하는 것은 매우 중요하다. 웨슬리가 그리스도인의 완전의 순간적 성격을 말할 때 그는 언제나 완전을 전후하는 과정을 강조하고 있다.7) 이 사건은 보다 넓은 하나님의 은총의 활동과 항상 균형을 이루고 있다.

여기에 완전히 부합하는 예는 없지만 나는 이것을 시간의 한 순간과 시간 자체의 관계에 비유하여 본다. 당신 앞에 탁상시계를 갖다 놓아라. 시계 위에는 하루에 정확하게 한 차례씩 "정오"가 있다. 그 순간은 열두 시 정각이다. 이 순간은 실제 있는 것이고 또 필요한 것이다. 카메라를 가지고 있다면 실제로 초침이 열 둘이라는 숫자 위를 지나치는 순간을 찍을 수 있다. 당신은 그 순간을 포착할 수 있고 설명할 수 있다. 그러나 "정오"는 정오의 전과 후의 순간을 연결하는 초침의 움직임으로부터 떠나게 될 때 그 중요성을 상실하게 된다. 시간에 있어서 순간은 시간이 흐른다는 사실에 비추어 볼 때에만 의미를 갖는다.

그리스도인의 완전도 이와 같다. 한 사람의 생애 중 "한 순간"에 작용하는 성화의 은총 (sanctifying grace)이 있다. 이 경험은 포착될 수 있고 묘사될 수 있다. 그러나 이 경험은 완전의 순간을 전후하는 보다 넓은 하나님의 은총과 분리되어 생각될 때에 그 중요성을 모두 잃게 된다. 하나님의 은총은 (좁은 의미의) 기독자 완전의 자리로 우리를 인도하며, 그 경험 이후에도 계속하여 우리를 인도한다. 웨슬리가 그리스도인의 완전의 경험을 증거하는 자들에게 궁극적이고 천상적(天上的) 의미에서 "완전으로 계속 나아가라"고 역설한 이유가 바로 여기에 있다.

지금까지 그리스도인의 완전이 의미하지 않는 부정적인 면을 살펴보았다. 이제 그리스도인의 완전의 긍정적인 측면을 살펴보겠다. 이 경험을 잘못 이해하지 않는 일도 중요하지만, 기독자 완전의 실제적인 역동성을 알아보는 일은 더욱 중요하다. 그리스도인의 완전은 무엇보다도 *의도의 순수성*(singleness of intention)을 말한다. 그리스도인의 완전의 핵심은 한 사람의 의지에 있지 행동에 있는 것이 아니다. 행동은 다양할 수 있지만 의도는 변하지 않을 수 있다.[8]

그리스도인의 완전을 의도의 순수성이라고 부르는 것은 행동의 중요성을 축소시키기 위해 하는 말이 아니다. 이것은 실존의 경험(the experience of being)이 행동의 수준보다 더 깊다는 것을 의미한다. 이것은 우리가 인생의 중심 목적-인생에 의미를 주고 방향과 힘을 주는 목적-을 발견했다는 것을 의미한다. 웨슬리에게 있어서 이 중심 목적은 마태복음 22장 37절부터 38절에 담겨 있는데, "주 너희 하나님을 사랑하라... 네 이웃을 네 몸과 같이 사랑하라"는 것이다. 웨슬리는 그의 이전에 많은 사람들이 그랬던 것처럼, 하나님과 이웃을 사랑하려는 결심이 우리의 최우선적 관심, 곧 지배적 소원이 되어야 한다고 보았다.

그러나 어떻게 이 사랑을 "완전한" 것이라고 부를 수 있을까? 동시에 결점을 가진 것으로서 말이다. 그러나 부모로서 아이들을 양육하는 예를 생각해 보면 이에 대한 실마리를 얻게 된다. 우리 집 아이들 모두가 어렸을 때의 일인데, 아이들은 엄마에게 꽃을 가져다 드리려는 생각을 했다. 아이들은 엄마가 정성스럽게 기르는 화단에서 꽃을 꺾어 오는 것도 마다하지 않았다. 이웃집의 화단에서 꽃을 가져오는 것도 마다하지 않았던 것이다! 아이들의 단 한 가지 소망은 엄마를 기쁘게 하려는 것이었고, 그들의 사랑을 엄마에게 보이려는 것이었다. 하여튼, 아이들은 꽃과 잡초와 진흙을 잔뜩 안고 들어왔다. 빨갛게 흥분된 얼굴로 아이들은 외쳤다. "엄마, 사랑해요!"

엄마는 어떻게 했을까? 잡초와 잔디 더미가 붙어 있다고 그 꽃을 던져 버렸을까? 아니면 화단이나 이웃집에서 꺾어왔다고 그 꽃을 거절했을까? 물론 그렇지 않다! 엄마는 아이들의 행동을 사랑의 눈으로 보고 가장 좋은 화병을 꺼내 테이블 위에 자랑스럽게 장식해 놓았다. 엄마는 사랑의 행동을 받아 들였다. 나중에 적당한 시기에 꽃을 꺾는 방법에 대해 가르쳤겠지만 말이다.

하나님도 이와 같으시다. 하나님은 우리의 의도를 받아들이셨다. 하나님은 우리의 동기를 보신다. 하나님과 우리의 관계도 이와 같아야만 하는데, 그 이유는 하나님의 완벽한 성결의 빛에서 볼 때에는 우리의 최상의 행동도 부족하기 때문이다. 성서는 이 사실을 표현하기를 우리의 최상의 행동도 하나님과 비교할 때 더러운 누더기와 같다고 말하고 있다. 행동을 가지고 우리는 하나님께 나아갈 수 없지만 동기에 있어서는 하나님과 하나가 될 수 있다. 우리의 지배적 소원은 하늘에서 이루어진 것처럼 이 땅에서도 이루어질 수 있다. 하나님은 우리의 진정한 의도가 어떠한 가를 아시며 우리가 소원할 때면 비록 잡초와 진흙이 묻어 있을지라도 그것을 "완전하다"고 불러 주신다.

그렇다고 해서 하나님은 죄를 무시하거나 작게 여기지 아니 하신다. 완전한 그리스도인이라고 할 지라도 그들의 행동이나 태도가 부적합하게 되면 정죄를 받는다.9) 마치 좋은 부모와 같이 하나님은 우리의 편에 서시고 우리의 잘못을 지적하시며, 어떻게 우리의 삶을 당신의 뜻에 더 일치시킬 수 있는 가를 가르쳐 주신다. 그렇지만 여기서 중요한 점은 하나님이 우리가 바르게 실행하지 못할 때에도 우리와의 관계를 부정하지 않으신다는 것이다. 결혼한 사람들은 이와 같은 법칙 아래서 매일의 생활이 이루어지고 있음을 안다. 결혼 생활 안에서도 우리가 서로 이렇게 관계를 맺어야 하는 것이며 또 사실상 우리가 서로의 관계를 이러한 방식으로 이어가기 원한다고 한다면 하나님께서는 *얼마나 더 그렇게 하시기를* 원하실까!

우리가 의도에 관심하며 살아간다면 율법주의(legalism)에 물든 채 살아갈 때 보다 하나님이 더 강력하게 우리를 변화시켜 가신다는 사실은 멋진 아이로니이다. 상담 전문가의 상담실은 사랑없이 사는 일에 단련된 사람들과 애정없는 율법주의를 경험한 사람들로 가득 차 있다. 이러한 사람들은 낮은 자존감(自尊感)과 싸우며 그들을 사랑해 본 적이 없는 부모와 친구와 동료들을 향한 분노를 품은 채 살아간다. 그러나 우리는 자신이 사랑 받고 있고 믿음과 신뢰를 받고 있다는 것을 알 때 최선을 다 할 수 있게 된다.

여기에 함축된 뜻은 여러 가지이나 지금은 동기와 행동 간의 관련성을 보는 것이 중요하다. 웨슬리는 현대 심리학이 정립되기 이전에 살았으나 여기서 보여주고 있는 바와 같이, 놀랄 정도로 현대적인 심리학적 면모를 보여 주고 있다. 그는 동기가 고정되면 행동이 더 지속적일 수 있다는 사실을 알았다. 웨슬리는 예수가 주장한 것처럼 행동은 마음을 표현한다고 주장하였다.

이에 따라 우리는 '그리스도인의 완전은 의도의 순수성이다'라는 힘찬 진리와 함께 시작한다. 그러나 둘째로, 그리스도인의 완전은 *죄를 정복하는 능력이다*.10) 간단히 말해서, 웨슬리는 사람이 죄를 지을 수밖에 없는 그런 필연적인 시간은 존재하지 않는다고 믿었다. 어떠한 상황에도 항상 하나님의 은총은 유혹의 꾀임보다 더 강하다. 우리가 육체를 입고 있는 한 거기에는 죄를 짓게 하는 유혹이 있다는 것을 웨슬리는 알았다. 그러나 웨슬리는 각 사람 마음의 중심에서 역사하시는 하나님의 사랑이 실제의 범죄를 내적으로나 외적으로 제거할 수 있다고 믿었다. 그러니까 요점을 말한다면, 이렇듯 능력 있는 하나님의 면전에 머무르려면 "그리스도 안에 머물러야"한다는 것이다.[11]

의도는 두 번째 국면 뿐 아니라 첫 번째 요지와도 관계되어 있음을 알아야 한다. 만약 우리가 죄에 관한 문제를 하나님과 이웃을 사랑한다는 헌신으로 해결했다면, 실제적 유혹이 나타날 때 이것을 극복할 수 있는 능력이 나타나게 될 것이다. 웨슬리는 성화된 사람도 죄를 지을 수 있다고 주장한 실재론자였다.[12] 그러나 웨슬리는 신앙에서 이탈함을 의지의 실패로 보았지 은총의 실패로 보지 않았다. 그리스도인의 완전 안에는 죄를 극복하는 능력이 있다.

셋째로, 웨슬리는 그리스도인의 완전은 *그리스도에 대한 전적인 의존*이라고 가르쳤다.[13] 이러한 의존은 전체적이고 계속적이다. 우리가 무엇이 되거나 무엇을 행할 수 있음은 모두 우리 안에서 역사하는 하나님의 능력이 이루어 낸 결과라고 인식하는 것을 말한다. 웨슬리의 계약예배에서는 이것이 요한복음 15장의 포도나무와 가지의 관계로 요약되었다. 여기에는 연결의 개념이 지배적이다. 우리가 그리스도에게 연결되어 있는 한 거기에는 생명과 성장과 열매와 능력과 기쁨이 있게 될 것이다. 하나님의 완전케하는 은총은 우리를 그리스도에게로 더 긴밀하게 연결시켜 준다.

시먼즈 박사(Dr. J. T. Seamans)는 그리스도인의 완전을 우리 안에 있는 그리스도가 거주자에서 통치자로 바뀌는 것이라고 말하여 더 깊어지는 의존(deepening dependency)이라고 묘사하였다. 스탠리 존스(E. Stanley Jones)는 이것을 우리 의지의 "완전한 항복"이라고 말했다. 로버트 멍어(Robert Munger)는 그의 책,『나의 마음은 그리스도의 집』(My Heart Christ's Home) 에서 당신의 삶의 모든 방을 드리는 것이며, 과거의 죄와 죄책이 저장되어 있는 벽장까지 모두 드리는 것이라고 묘사하고 있다. 기독교 작가들은 이러한 여러 가지 방식을 통하여 그리스도를 우리 삶의 주인이 되도록 허용할 때, 그리스도의 필요를 아는 우리의 지각력도 높일 수 있다는 사실을 강조하고 있다.

넷째로, 그리스도인의 완전은 사역을 위한 도구(equipment for ministry)가 된다. 성화가 의미하는 것 중의 하나는 우리가 하나님을 섬기기 위하여 성별 되었다는 것이다. 웨슬리는 그리스도인의 완전이 개인적인 경험일 뿐만 아니라 사회적 명령이라는 사실을 인식하고 있었다. 웨슬리는 그리스도인의 완전의 경험에 대해 증거하는 사람들에게, "인간 육체와 영혼들에게 당신이 가능한 대로 모든 선을 행하도록" 요구하였다.14) 웨슬리는 개인적 성결과 사회적 성결 사이에 균형을 유지하였다. 하나님의 부름은 개인에게나 교회에게 남아 있는데, 그것은 거룩하지 못한 개인들과 조직에게 대항하기 위함이다. "포로된 자들을 해방시키라"는 위임은 이전 어떤 때보다 강조되어야 하며 하나님의 성화시키는 은총이 이러한 사역을 가능하게 한다.

마지막으로, 그리스도인의 완전은 계속적 성장의 경험이다. 웨슬리는 그리스도인의 완전은 "증명할 수 있는" 경험이라는 입장을 유지하고 있다.15) 이 사실은 앞에서도 언급한 적이 있지만 그 자체로서 강조될 필요가 있다. 동기가 고정되면 그리스도인은 의도와 실행 사이의 간격을 좁히기 위하여 하나님의 은총과 협력할 수 있게 된다. 이렇게 하지 않는 것은 그리스도인의 완전을 이루지 못한 채 이룬 것처럼 가장하고 있는 것이다.

생활에서의 또 다른 예가 어떻게 그리스도인의 완전이 발전되고 성장될 수 있는가를 보여준다. 우리 아이들은 네 살이 되었을 때 어린이 발달 성장표에 관한 한 "완전"했다. 그 아이들은 네 살 짜리가 할 수 있다고 생각되는 모든 일을 할 수 있었다. 이러한 의미에서 "우리는 완전한 네 살짜리 아이를 가지고 있다"고 말할 수 있다. 그러나 우리는 이것이 전부가 아님을 안다. 우리는 그들이 사실상 완전하지만 더 계속해서 성장해 가야 한다는 것을 안다. 실제로 네 살짜리로서의 완전은 그 안에 자신의 발전을 위한 씨앗을 가지고 있는 것이다.

이것을 영적인 차원에 적용시켜 보면, 우리는 어떻게 웨슬리가 한 편으로 그리스도인의 완전을 말하면서 여전히 다른 이들에게 "계속하여 완전으로 나아가라"고 할 수 있었는지를 알 수 있게 된다. 그리스도인의 완전에 있어서 결정적 요소는 동기를 고정하는 것. 곧 자기 의지의 항복이다. 그렇게 동기를 고정함으로써, "완전한 그리스도인"은 이 약속이 함축하고 있는 바를 성취하기 위하여 계속 나아갈 수 있게 된다.

이상이 기독자 완전의 중요한 국면들이다. 웨슬리는 이러한 개념들을 통하여 하나님께서 감리회원이라고 불리는 사람들을 일으켜서 "성서의 진리를 이 땅에 전파하도록" 부르셨다고 믿었다.16) 그는 감리회가 오직 이 진리를 전파할 경우에만 생명력 있게 보존될 수 있을 것이라고 믿었다.17)

이런 점에서 기독자 완전의 계속적인 중요성을 상고해 보는 것이 필요하다. 아마도 당신은 이 책을 읽으면서 웨슬리 자신의 견해와 당신 자신의 삶의 연관성을 생각해 보았을 것이다. 다음의 몇 가지 요지들은 나에게 있어서, 그리스도인의 완전이 아직도 기독교 공동체 안에 필요하다는 증거가 된다.

첫째, 그리스도인의 완전은 기독교인의 경험에 역동성을 유지시켜 준다. 우리들이 살고있는 이 시대는 제자도가 강조되고 있는 시대이다. 웨슬리의 신학은 모든 신자들에게 성장해야 한다고 요청하고 있다는 점에서 매우 적절하다. 과거의 경험이 얼마나 중요한 것이었든지 그것에 의존할 여지는 전혀 없다. 그리스도인은 "완전으로 계속 나아가라"고 항상 도전 받는다. 명분 뿐인 기독교는 생명력 있는 제자들을 생산해낼 수 없다. 오직 깊이 있는 헌신과 지속적으로 갱신되고 확장되는 길만이 그 일을 가능하게 한다. 이것이 바로 그리스도인의 완전이 요구되는 이유이다.

우리는 헌신의 강도를 약하게 만들려는 유혹에 대항해 보지 않고 그리스도와의 동행에 있어서 앞으로 나아갈 수 없다. 우리는 과거가 우리를 성장시키기에 충분했다고 믿게 된다. 웨슬리의 시대에도 사람들은 세례를 얼마나 어려서 기독교인이 되었는가를 나타내는 증거로 보려고 하였다. 웨슬리는 이러한 생각을 일축하고 현재 그리스도와의 관계에 대한 "증거"를 발견하도록 요구하였다.[18] 그리스도인의 완전은 영적 무력감으로 이끄는 유혹에 대항한다. 이 진리를 강력하게 선포함으로 신앙생활에 있어서 침체에 빠진 많은 사람들을 역동적인 매일의 제자도로 이끌어 갈 수 있을 것이다. 이렇게 함으로 사람들은 하나님의 은총의 새로운 깊이를 알 수 있을 것이며 하나님의 나라에 있어서 자신들의 중요성을 새롭게 인식하게 될 것이다.

둘째, 기독자 완전의 교리는 신앙적 투쟁과 직면하게 한다. 나는 우리가 그리스도의 몸 안에서 공개적으로 우리의 필요들을 나눌 수 있는 시대에 살게 된 것을 감사한다. 이리한 자유와 관심을 나눌 수 있는 분위기는 교제를 새롭게 표현하도록 만들었다. 웨슬리의 기독자 완전의 교리는 이러한 종류의 나눔에 이르는 신학적 활로를 만들었다. 왜냐하면 우리는 동기에 기초하여 하나님께 받아들여지기 때문에, 우리의 실행의 실패를 서로 나누는 데에 두려움을 가질 필요가 없다. 우리는 우리의 행동과 태도를 이름지을 수 있다. 그러나 우리는 우리가 무엇이며 무엇을 하는가를 합리적으로 설명하거나 재정의할 필요가 없다.

유감스럽게도 어떤 그리스도인들은 (심지어 그리스도인의 완전을 믿는 어떤 사람들도) 실패를 긍정하는 것이 곧 완전의 경험을 잃어버리게 되는 것과 마찬가지라고 느낀다. 따라서 손상된 감정은 억압받게 된다. 분노와 같은 것은 "의로운 분노"라고 이름 붙여진다. 잡담이 "기도 제목을 나눈다"는 명목 하에 퍼뜨려진다. 나는 모든 종류의 욕구와 죄책감을 감춘 채 살아가는 그리스도인들을 만났는데, 그들은 그리스도 안에서 형제와 자매된 자들에 의해 내려질 판단과 소외에 대한 두려움을 가지고 있어서 함께 나누는 자유를 느껴보지 못했던 사람들이었다. 그리스도인의 완전에 대한 적극적인 해석은 우리에게 서로의 필요를 나누라고 초청하고 있다. 정직한 고백은 하나님의 치유하시는 은총이 흘러 들어오는 관문이 된다.

셋째, 그리스도인의 완전은 삶에 통일성을 준다. 우리 모두는 구획을 지으며 살아가려는 경향이 있음을 안다. 우리 모두는 여러 개의 모자를 쓰고 있는데 어떤 때는 속이는 것이 쉽지 않음을 안다. 여러 방향으로 동시에 끌려가는 것 같다고 감정을 표현하는 사람들의 이야기를 흔히 듣는다. 우리 삶의 규범이 이와 같으면 에너지는 분산되고 만다.

의도대로 행동에 옮길 수 없다는 생각과 한 목적을 위하여 살 수 있다는 생각은 얼마나 대조적인가. 우리는 우리 인생의 역할이 오직 하나님의 영광과 이웃을 위한 봉사에 있다는 지배적 동기를 가질 수 있다. 이 진리의 중요성은 자아를 이 시대가 얼마나 강조하고 있는가 하는 사실에 대비될 때에야 제대로 파악될 수 있다. 그리스도인의 완전은 하나님과 이웃을 향한 전적인 방향 재정립을 요구한다. 이 교리는 자아에 이미 초점이 맞추어진 움직임들을 통하여는 발견될 수 없는 깊은 성취감을 제공해 주고 있다.

성서적으로 이 진리는 다윗에 의하여 확증되었는데, 그는 하나님의 마음을 따랐기 때문에 더 많은 일을 할 수 있었다. 또한 바울은 그에게 힘을 주시는 그리스도를 통하여 모든 일을 할 수 있었다. 심리학적으로 '일관된 성품을 가진 사람은 분열된 성품을 가진 사람보다 더 많은 일을 할 수 있다'는 학설에 의해서도 증명이 된다. 우리 시대의 젊은이들도 "힘을 합해 하자"고 서로를 격려하면서 이 진리를 말하고 있다. 통일된 삶을 살아야 한다는 진리는 오늘날 중요하며, 이 진리는 그리스도인의 완전의 교리에 의하여 기독교 신앙 안에 확증되었다.

과학의 영역에서는 레이저 빔(laser beam)이 통일된 삶의 능력에 대한 기독자 완전의 증거를 예증하여 주고 있다. 빛이 하나의 빔으로 집중될 때에 가장 단단한 물체라고 알려진 것도 뚫을 수 있게 된다. 분산된 빛들이 하나의 빔으로 모이게 되면 엄청난 힘이 발생된다. 웨슬리는 이와 똑같은 점을 말하고 있다. 우리 삶의 더 많은 부분이 삶의 중심 되는 목적과 조화를 이루어 나아갈수록, 우리는 더 큰 능력을 경험하게 될 것이다.

끝으로, 그리스도인의 완전은 절정(consummation)을 지향한다. 인생은 어느 곳인가를 향하여 나아간다. 우리의 완전은 이 세상에서는 절대적이지 않지만, 그러나 완전해질 그 날이 올 것이라는 것을 우리는 믿는다. 우리는 멸망할 것을 멸망하지 않을 것과 바꾸게 될 것이다. 웨슬리의 그리스도인의 완전은 현실로부터의 도피가 아닌데, 그 이유는 이 세상에서의 삶에 확실하게 근거하고 있기 때문이다. 그렇지만 그것은 이 세상에 얽매이지 않는다. 그리스도인의 완전은 미래의 영광된 약속을 포함한다. 우리는 길을 가고 있으며 그 길은 하나님의 집에서 끝이난다.

간단히 말해서 그리스도인의 완전의 교리는 종교를 사회의 또 하나의 "선한 요인"으로 여기는 견해 너머로 우리의 신앙을 끌어 올린다. 그리스도인이든 아니든 우리 모두는 선한 요인들에 우리의 눈동자를 주목하고 있다. 만약 기독교가 이 목록에 단 한 가지를 추가하는 것이라면 우리는 정당하게 "아니오"라고 대답할 수 있다. 그러나 만약 기독교가 근본적으로 다른 것이라면 문제는 달라진다. 만약 기독교가 모든 "선한 요인들"에 영향을 미치는, 이 세상과 영원에서의 삶의 변화를 말하는 것이라면 그것은 다른 것이다! 그리스도인의 완전의 교리는 바로 그러한 것을 주장한다.

토의를 돕기 위한 질문

1. 이 장이 "그리스도인의 완전"에 대해 여러분이 지금까지 가졌던 생각과 다른 어떤 차이점을 보여주고 있습니까?

2. "그리스도인의 완전"의 어느 부분이 --여러분 자신의 삶과 여러분이 아는 다른 사람의 삶, 그리고 교회 안의 협동적인 삶에 있어서--가장 중요하다고 생각합니까?

3. 이 장을 읽으면서 여러분의 머리에 떠오르는 또 다른 중요한 관련 내용이 있습니까?

더 깊은 연구를 위하여

이계준 역, 『그리스도인의 완전』 (서울: 전망사, 1994),
      pp. 5-134.

논문, "그리스도인의 완전", 『존 웨슬리 총서』 제9권,
      pp. 118-210.

설교, "그리스도인의 완전", 『존 웨슬리 총서』 제2권, pp. 139-61.

설교, "성서적인 기독교", 『요한 웨슬레 설교선집』 I , pp. 47-71.

설교, "성서적인 기독교", 『존 웨슬리 총서』 제1권, pp. 59-79.

설교, "신자의 회개", 『요한 웨슬레 설교선집』 I , pp. 128-150.

설교, "신자의 회개", 『존 웨슬리 총서』 제2권, pp. 323-41.

설교, "하나님께로 난 자의 위대한 특권", 『존 웨슬리 총서』 제1권,
      pp. 237-49.

여정의 끝
(영　화)

현세는 앞으로 다가 올 세상을 위한 훈련장일 뿐이다.

콜린 윌리암스 (Colin Williams)

여정의 끝
(영　화)

기독교가 의미를 가진 종교라면 반드시 영원을 주제로 다루어야 한다. 사람들이 물을 궁극적인 질문은 이와 같은 것이리라. "여기에 있는 것이 삶의 전부인가, 아니면 더 이상의 무엇이 있는가?" 이 물음은 우리 시대에 사실적 관심인 것처럼 웨슬리의 시대에도 그러하였다. 웨슬리는 언젠가 말하기를 그는 오직 한 가지 일, 곧 하늘 나라에 이르는 길을 알기 원한다고 하였다.[1] 어떤 의미에서 웨슬리의 신학 전체는 바로 그 길을 말하려는 시도이다.

웨슬리라면 콜린 윌리암스(Colin Williams)가 앞의 인용문에서 기록한 것을 긍정적으로 확인했을 것이다. 웨슬리는 우리가 이 세상에서 행하는 것(또는 행하지 않는 것)이 다가올 내세에서의 삶을 결정한다는 사실을 알고 있었다. 웨슬리는 키이스 밀러(Keith Miller)와 더불어 천국과 지옥이 보상과 형벌이라기 보다는 결과라는 사실에 동의할 것이다. 변화는 이 세상에서 시작된다. 그렇기 때문에 우리는 여정의 끝인 영화(榮化)에 관하여 중요한 사실들을 말할 수 있는 것이다.

첫째로, 하나님의 나라는 지금 여기에 있다. 우리는 미래 곧 공

간과 시간 밖의 정점이 되는 사건에만 강조점을 둘 필요가 없다. 기독교인으로서 우리는 영원 안에서 존재할 것을 확언하고 바라보지만 그러나 우리는 현세를 산다. 사실상 그리스도인은 영원과 관련을 맺음으로써 현세를 어떻게 온전히 살아갈 것인가를 알 수 있게 된다고 말할 수 있다. 우리는 하나님의 나라가 바로 지금 우리 가운데 있음을 보기에 이르렀다. 웨슬리는 하나님의 나라를 "영혼 안에 열려진 천국"이라고 불렀다.2) 그리고 그는 하나님의 나라가 현세에 존재한다고 믿었다.

그렇지만 우리는 우리에게 주어진 하나님 나라의 모든 것을 경험했다고는 믿지 않는다. "현재 있는 것"과 "미래에 올 것" 사이에는 차이가 있다. 그러므로 현재에 확신있게 살 수 있는 능력에 미래에 대하여 소망스럽게 살 수 있는 능력이 첨가된다. 우리는 "달콤한 미래"를 꿈꾸지는 않으나, 그리스도를 향한 우리의 헌신이 죄성과 인간성이라는 한계에 의해 방해받지 않게 될 날을 바라본다. 우리는 사도 바울의 말처럼, 거울을 보는 것과 같이 더 이상 희미하게 보지 않아도 될 시간이 다가오고 있다는 사실을 안다.

그러나 동시에 우리는 현세를 산다. 사실 웨슬리의 다음과 같은 말은 바로 이 점을 말하고 있는 것이다: "당신의 삶은 다름이 아니라 하나님을 사랑하고 섬기며 영원까지 그분만을 즐거워해야 할 바로 그 목적 때문에 이 땅에서 연장되고 있습니다."3) 웨슬리는 우리가 한 발로는 "지금"(now)을, 다른 한 발로는 "그러나 아직도"(not yet)를 살아가고 있다는 것을 알았다. 하나님의 나라는 현재일 뿐 아니라 미래이지만, 그러나 우리는 분리되어 살아가지 않는다.

둘째, 하나님의 나라는 적극적인 현존으로 다가온다. 그것은 중간적인 것이 아니다. 십자가는 이 진리의 궁극적인 증거이다. 웨슬

리는 이렇게 설명하고 있다:

> 모든 것의 본질은 '죄인을 구원하러 세상에 오신 예수 그리스도입
> 니다.' '하나님이 세상을 이처럼 사랑하사 독생자를 주셨으니 누
> 구든지 저를 믿으면 멸망하지 않고 영생을 얻게 하려 하심이니
> 라.' 또는 '그가 찔림은 우리의 허물을 인함이요 그가 상함은 우리
> 의 죄악을 인함이라. 그가 징계를 받음으로 우리가 평화를 누리고
> 그가 채찍에 맞음으로 우리가 나음을 입었도다.' 이것을 믿으십시
> 오. 그러면 하나님의 나라는 여러분의 것입니다.4)

하나님의 나라는 현재 활동적인 실재이기 때문에 우리는 반드시
이 실재와 관련된 방법으로 하나님 나라의 개념에 이르러야 한다.
하나님의 나라는 우리의 삶을 뚫고 들어와 수락의 결단 혹은 거부
의 결단을 내리도록 우리에게 요구한다. 여기에 중간이란 없다. 어
떤 의미에서 하나님은 예수 그리스도를 통하여 우리 가운데로 들어
오심으로 우리의 삶에 이 결단을 강요하셨다. 나머지 여생(餘生)은
모두 이 사실과 이 사실이 함축하는 바에 대한 응답인 것이다.

이것은 우리의 궁극적 영화의 문제가 천국의 현존에 대한 우리의
응답에 기초한다는 것을 의미한다. 이것이 시간과 영원의 진정한
관계를 만드는 하나님 나라의 역사이다. 바위가 물위로 떨어질 때
생기는 효과처럼, 오늘날 우리가 내리는 결단은 우리의 미래에까지
영향을 미친다. 현세와 내세의 삶은 분리되어 있지 않다. 하늘과 땅
은 우리가 하나님 나라의 원리에 따라 살아가는 바로 그 길에 의하
여 연결되어 있다.

셋째, 복음의 메시지에 대하여 누구든지 모두 긍정적으로 반응하
는 것은 아니다. 하나님의 나라가 현존하며 또한 적극적이라고 하

더라도 어떤 사람은 그 가운데 살아가라는 제의를 거절할 수 있다는 사실을 웨슬리는 알았다. 웨슬리는 "하나님의 경고에도 불구하고 그들의 운명을 사탄과 귀신들과 함께 하기로 결심한" 사람들에 관하여 언급하였다.5) 이러한 상태는 지금 여기서 진정한 현존을 잃어 버리는 것을 의미하지만, 죽음의 순간에는 영원한 파멸을 의미하게 된다.

언젠가 한 번 나는 어떤 교회에서 요한계시록 성경공부에 참여할 기회를 가졌다. 강사 목사는 성경공부의 개론을 강의하였다. 강의를 마칠 때 쯤 되어서 그는, "내가 연합 감리교인이 된 이유 중 하나는 웨슬리가 만인구원론자였기 때문입니다. 웨슬리는 모든 사람이 다 구원받을 것이라고 믿었습니다"라고 말하였다.

여기에 오해가 없어야 한다. 우리는 종종 모든 길이 진리로 통한다고 강변하는 소리를 듣는다. 구원은 모든 사람에게 베풀어졌다고 웨슬리가 믿었음은 사실이다. 그는 모든 사람은 구원받을 수 있다고 믿었다. 그러나 그는 모든 사람이 구원받을 것이라고 믿지 않았다. 웨슬리는 사람에 따라 항상 빛보다 어두움을 더 좋아한다는 것을 알았다. 웨슬리는 영원한 죽음의 실재를 설교하는 것을 즐거워하지 않았으나 성서에 기초하고 있다고 믿었기에 이 진리를 확고하게 붙들었다. 웨슬리 자신의 말은 이러한 점을 직설적으로 잘 나타내고 있다:

죄의 삯이 사망이라는 것을 그대들은 모릅니까? ―죽음, 일시적이 아닌 영원한 죽음말입니다....이것은 끝이 없는 죽음으로 징벌되는 판결인데, 하나님의 면전으로부터, 그리고 하나님의 능력의 영광으로부터 영원히 쫓겨나는 것입니다.6)

이러한 적절한 판단으로 웨슬리는 사람들로 하여금 죄에 머무른 채 하늘 나라에 갈 수 있다는 생각을 포기하도록 역설하였다. 웨슬리는 자신의 죄를 스스로 구속(救贖)할 수 있기에 하늘 나라에 "마땅히 갈 자격이 있다"는 어떤 생각도 잘못이라고 언급하였다. 웨슬리는 이런 것을 알 수 있을만큼 실제적이었다: 하나님 나라의 현존은 평결(verdict)을 요구하는데, 그 까닭은 인간의 죄성에 심판을 가져오기 때문이다. 하나님 나라의 메시지가 갖는 이처럼 "어두운 면"은 구원의 초청이 무의미하거나 감상적이 아니라는 것을 보여준다. 하나님의 현존으로부터 영원히 분리된다는 사실은 복음을 더욱 건전하고 실제적이며 시급한 것으로 만든다. 이 사실은 웨슬리로 하여금 사람들을 그리스도에게로 인도하기 위해 가능한 모든 인간적인 노력을 기울이도록 만든 여러 요인들 중 하나였다.

넷째, 하나님 나라라는 삶의 긍정적인 면은 부정적인 면을 보다 가치있게 만든다. 웨슬리는 신약성서에서 가르치는 지옥의 교리를 받아들이는 한편 은총과 사랑을 강조하였다. 그는 심판에 대한 두려움과 위협보다 은총과 사랑이 보다 헌신하게 만드는 힘있는 동기를 제공한다고 믿었다. 따라서 그는 구원의 희소식을 선포하려고 달려 나갔으며, 사람들에게 그리스도를 죄에서 구원하시는 구속주요, 생명의 부여자로 제시하였다. 1746년의 연회록에서 웨슬리는 하나님의 진노를 지나치게 강조하는 것에 관한 자신의 견해를 밝혔다. "그러한 설교는 일반적으로 용기를 잃게 만들어 사람들로 하여금 믿지 못하게 만든다."7) 그래서 그는 사랑에 기초하여 사람들을 그리스도에게로 초청하는 것을 더 좋아하였다.

언뜻 보기에 이것은 사랑에 대한 우리 시대의 강조와 일치하는 것처럼 보인다. 교회에서도 사랑과 긍정을 강조하고 있다. 그러나 사랑에 대한 현대의 해석과 웨슬리의 견해는 한 가지 점에 있어서 다른데, 그것은 "책임성"(accountability)의 여부이다. 사랑을 둘러싸고 있는 현대의 모든 논의는 "책임성"을 지극히 적게 가지고 있거나 아주 가지고 있지 않으며 변화할 것을 요구하지 않는다. 이것은 회개하고 죄를 고백하라는 요구를 낡아 빠진 것이나 편협한 생각처럼 보이게 만든다. 사람들은 "당신이 진정으로 나를 사랑한다면 나를 심판하지 않을 것입니다"라고 말한다. 그렇지만 웨슬리라면 이렇게 응답할 것이다. "내가 당신에게 죄를 회개하고 하나님의 뜻과 방식을 따르라고 요구하는 것은 당신을 사랑하기 때문입니다." 웨슬리의 방식은 사랑의 방식이며 우리는 이것을 영원히 기뻐해야 마땅하다. 그러나 이 사랑은 죄를 대면하고 있으며 변화를 요구하고 있는 사랑이다. 하나님의 사랑은 우리를 있는 그대로 받아들이지만 우리를 있는 그대로 내버려 두지는 않는다.

매일 나는 부모로서 자녀들을 사랑한다. 나는 내 영혼 깊은 곳으로부터 자녀들을 사랑한다. 그러나 그 사랑은 때로 그들에게 "책임성"을 요구한다. 때로 나의 사랑은 변화를 요구한다. 사랑이 온전히 받아들여지지 않을 때가 있는데, 그대로 그냥 놔두면 아이들의 잘못된 행동을 긍정하는 것이 되기도 한다. 따라서 부모의 사랑은 자녀들을 책임성 있는 성인으로 성장시키기 위해, 변화할 것을 요구한다. 무비판적인 "눈먼" 사랑은 무책임을 만들어낸다. 웨슬리는 사랑을 다른 것보다 탁월한 것으로 만든다는 점에서 공헌하고 있으나, 죄를 간과하거나 인간됨의 본질을 파괴하는 것을 용서하기까지 지나치게 나아가지 않고 있다.

웨슬리는 지금까지 우리가 함께 나눈 개념들을 다루고 난 후, 눈을 돌려 하늘을 향하며 그리스도 안에서의 완성을 본다. 그는 하나

님께서 다음과 같은 것을 주신다고 믿었다:

> 〔그것은〕 성결과 행복이라는 순수한 상태인데, 아담이 낙원에서 누렸던 것보다 더 탁월한 것입니다….'하나님이 모든 눈물을 그들의 눈에서 씻기시매 다시 사망이 없고 애통하는 것이나 곡하는 것이나 아픈 것이 다시 있지 아니 하리니 처음 것들이 다 지나갔음이러라.' 그 곳에는 더 이상 죽음이나 질병이 있지 아니할 것입니다. 그 곳에는 더 이상의 근심이나 친구와의 이별이 있지 아니하므로 슬픔이나 눈물이 없을 것입니다. 그렇습니다. 그 곳에는 이 모든 것보다 더 큰 구원이 있을 것입니다. 이제 더 이상 죄가 없기 때문입니다. 그리고 모든 이들이 왕관을 쓰고 방해받지 않으며 하나님과 긴밀히 연합할 것입니다. 아버지와 그의 아들 예수 그리스도와의 끊임없는 교제가 성령을 통하여 있게 될 것입니다. 삼위일체 하나님과 하나님 안에 있는 모든 피조물들의 계속적인 기쁨이 있을 것입니다.[8]

웨슬리 신학의 강점 중 하나가 여기에 있다. 영원을 언급하고 있으나 그 영원은 시간으로부터 분리된 것이 아니다. 여정의 끝(그리고 그 너머)을 위한 언급은 여정의 시작과 과정을 위한 언급의 정점일 뿐이다. 현재 우리가 살아가는 삶은 그리스도 안에서 믿음으로 살아가는 것이며, 오직 이 믿음만이 하늘 나라의 말할 수 없는 기쁨으로 나아가는 유일한 길이다.

누구든지 그의 신학의 최대의 시험대는 죽음의 시간에 그를 유지시켜 줄 수 있는 능력이리라. 웨슬리는 초기에 죽음에 대한 공포로 인해 괴롭힘을 당하였다. 그의 삶이 위기를 맞았을 때에 죽음의 공포는 그를 무용한 존재로 만들려고 달려들었다. 그러나 그는 영화에 관한 이해와 현세의 삶과 영화의 관계에 대한 사고가 성장해 감에 따라, 이 분야에서도 성숙해졌다. 시간과 영원의 연관성을 더불어 유지함으로, 웨슬리는 시간과 영원에 대한 그리스도인의 관계를 묘사하는 말로 그의 삶을 마감할 수 있었다. 궁극적 의미에서 영화를 체험하기 직전에 그는 간단한 한 마디의 말을 털어 놓았다. "무엇보다도 가장 좋은 것은 하나님이 우리와 함께 하심이다."

토의를 돕기 위한 질문

1. '영생'의 문제를 안고 고뇌하는 사람들을 알아 내는 여러분의 방법(말로 혹은 말 이외의 방법)은 무엇입니까?

2. 현세에서 삶의 목적을 깨닫는 것이 '영원한 생명'의 문제를 해결하는데 어떠한 도움을 주고 있습니까?

3. 사랑의 동기는 두려움이 되기보다 헌신에의 강력한 자극제가 된다는 의견에 여러분은 동의합니까? 그 이유는 무엇입니까?

4. 오늘의 교회는 어떻게 하여야 책임과 변화를 요구하는 온전한 사랑의 메시지를 회복할 수 있을까요? 왜 많은 사람들은 사랑과 책임을 대립적인 것으로 볼까요?

더 깊은 연구를 위하여

Sermon, "The Great Assize", *Works*, 5:171-84.

설교, "산상설교 Ⅶ", 『존 웨슬리 총서』 제1집, pp.351-68.

설교, "산상설교 Ⅺ", 『존 웨슬리 총서』 제1집, pp.418-26.

Sermon, "On Eternity", *Works*, 6:189-98.

Sermon, "Of Hell", *Works*, 6:381-91.

Sermon, "On the Resurrection of the Dead", *Works*, 7:474-84.

이제 모두 함께
(교　회)

위슬리는 교회의 개념이 개혁의 사명을 수행하는데 있어서
문제가 되고 있음을 알았다.

하워드 스나이더 (Howard Snyder)

9

이제 모두 함께
（교　　회）

　솔직히 말하자면 우리는 웨슬리의 "구원의 순서"에 대한 연구를 모두 마쳤다. 그러나 우리는 그의 신학을 전부 서술하지 않았다. 만약 여기서 멈춘다면 우리는 웨슬리의 가장 중요한 강조 가운데 하나인 교회론을 빠뜨리게 된다. 웨슬리는 처음부터 마지막까지 항상 그 말이 뜻하는 최상의 의미에서, 교회를 중요하게 여기는 사람이었다. 그는 영국국교회의 성직자로 살다가 죽었다. 웨슬리는 공동체 안에서 양육되어야 진정한 그리스도인의 경험이 이루어진다고 믿었다. 그는 고독한 종교에 관심을 두지 않았다. 앞으로 두 장에 걸쳐서, 우리는 교회와 관련된 그의 견해를 연구하게 될 것이다. 이 장에서는 웨슬리의 교회론을 살펴보려고 한다. 다음 장에서는 그의 교회갱신과 관계된 견해를 상고해 볼 것이다.

　주요 교파들이 진흙탕 속에 뒹굴고, 위대한 교회를 이루겠다는 세계교회주의가 의심받는 시대에 교회론을 발전시킨다는 것은 쉽지 않다. 나는 전국을 다니면서 교회를 도움이라기 보다 장애물로 여기는 사람들을 만났다. 퀘이커교 학자인 엘튼 트루블러드(Elton Trueblood)는 이러한 분위기를 이렇게 묘사했다. "기독교의 가장 큰 난점은 교회의 문제이다. 우리는 교회와 함께 살 수 없으며, 교회 없이도 살 수 없다.”[1] 그 결과 교회 밖의 단체들(parachurch organizations)이 일어나서 많은 사람들에게 교회의 대용품이 되었다. “여기에 미국의 생명이”(Here′s Life America)와 같은 프로그램과 조지 갤럽(George Gallop)에 의한 여론 조사는 보통의 지역 교회에 활동적으로 참여하는 수보다 더 많은 사람들이 “거듭난” 경험을 고백하고 있음을 확인하여 주고 있다.

이러한 형편은 우리가 짐작해보는 웨슬리의 시대와 크게 다르지 않다. 18세기 초기에는 제도적 종교들이 대체적으로 쇠락한 가운데 있었다. 독립된 모임들 혹은 분리주의자들의 모임이 영성을 이어가고 있었다. 개인적 확신에 찬 믿음은 쉽게 열광주의로 오인되었다. 복음적 부흥운동이 일어날 때 웨슬리는 어렵지 않게 그의 추종자들로 하나의 교파를 만들 수 있었으나 그렇게 하지 않았다. 대신에 그는 의식적으로 영국국교회 안에 남았으며 내부로부터 교회를 부흥시키려고 노력하였다.[2] 영국국교회 안에 분열을 조장하려한다는 비난을 받았을 때, 웨슬리와 그의 무리들은 “20년 전과 동일한 태도로 성찬에 참여하고 있으며 사는 날까지 그렇게 하기를 희망한다”고 답변하였다.[3]

이러한 모든 내용은 교회론이 웨슬리에게 있어서 중요하였다는 사실을 보여준다. 그러나 여기에 질문이 생겨난다. “교회란 무엇인가?” 웨슬리의 시대에 여러 가지 대답이 주어졌다. 어떤 이들은 교회를 건물과 동일시하였다. 다른 이들은 그것을 특정한 교파의 한계 안에서 정의하였다. 웨슬리는 보다 일반적이고, 더욱 성서적인 개념으로 설명하였다. 그는 교회를 “하나님을 예배하는 가운데 하나가 된 사람들로 이루어진 몸”이라고 불렀다.[4] 앞으로 우리가 보게 될 것처럼 웨슬리는 보다 정확한 의미를 부여하기 위해 이 정의를 상세히 설명하였다. 그의 의도는 교회가 인격적인 것임을 말하려는 것이었다. 그는 이 견해를 잃는 것은 교회에 대한 성서적 견해를 잃는 것이라고 생각하였다.

이와 동시에 웨슬리는 실제적인 사람이었다. 비록 그는 넓은 의미에서 교회를 정의하였지만 사람들이 자연히 자신들을 교파로 나누게 될 것을 알았다.5) 또한 이러한 것이 잘못이라고 웨슬리는 믿지 않았다. 그는 교파간의 구분을 없애려고 노력하지 않았다. 웨슬리가 본 교회의 통일성은 구조적인 것이 아니라 영적인 것이었다. 그러므로 그는 다양한 공동체에 걸쳐서 친구와 지지자들을 가지고 있었다. 그는 로마 가톨릭에서부터 독립교파의 사람들까지 다양한 모임들 가운데에서 활동할 수 있었다. 이것은 교회를 사람들로 보는 그의 근본적인 이해에 기초한다.

사람들을 교회로 끌어들이는 데에는 여전히 인격적인 국면이 작용한다. 오늘날 대부분의 사람들은 인격적인 강조 —관계성에 중점을 둔 사역, 따뜻하고 친밀한 분위기, 의미를 주는 교제, 그리고 중요한 친구관계를 맺어주는 장소—때문에 교회에 나간다는 사실을 연구조사가 뒷받침하고 있다. 유감스럽게도 너무나 많은 교회가 인격적인 면을 결여하고 있다. 제도주의(institutionalism)가 개인들 위에 자리잡고 있다. 건물과 예산이 궁극적 관심보다 더 중요한 것처럼 보인다. 이러한 강조는 교회를 유기체(organism)라기보다 조직(organization)으로 보는 심리를 만들어냈다. 이러한 현상은 웨슬리가 매우 중요하게 생각했던 기본적인 태도를 잃어버리게 한다.

웨슬리는 에베소서 4장 1절부터 6절을 주요 본문으로 사용하여 인격적 국면을 강조하였다. 이 구절은 신자들의 하나됨을 강조한다. 바울과 함께 웨슬리는 교회를 한 몸, 곧 "한 가정, 한 교회, 한 도시, 한 지방, 한 국가의 기독교인의 모임을 포함할 뿐 아니라 여기 주어진 특성에 응답하는 지구 표면 위의 모든 사람들"이라고 보았다.6) 다르게 말하자면, 그는 보편적인 교회를 믿었다.

감리회 운동이 힘을 얻은 후에도 웨슬리는 그의 추종자들이 성서적 그리스도인 이상의 무엇이 아니라고 계속하여 주장하였다. 웨슬리는 자신을 그리스도의 살아있는 몸으로부터 분리하지 않았으며 심지어는 영국국교회로부터도 분리하지 않았음을 단호히 말하였다.7) 동시에 그는 인간의 의견과 조직보다 하나님의 뜻에 우선권을 두었다. 그는 이렇게 기록하였다, "우리는 할 수 있을 때는 언제든지, 하나님께 대한 의무와 함께, 교회의 규칙과 지도자들에게 복종할 것입니다. 그러나 그렇지 못할 때에는 인간에게가 아니라 하나님께 묵묵히 복종할 것입니다."8) 이 정신이 웨슬리로 하여금 에큐메니칼 정신을 실천하도록 만들었으며 어떤 인간의 연합 보다도 하나님의 뜻을 높은 것으로 여기고 추구하도록 만들었다. 최종적으로 분석해 보면, 이것이야말로 '교회는 한 몸이다'라는 말의 의미이다.

웨슬리는 교회가 한 성령을 가졌다고 확언한다. 웨슬리에게 성령은 "하나님의 교회의 모든 살아있는 지체들을 생명력 있게 만드는..." 영이다.9) 이 개념은 매우 중요한데, 왜냐하면 웨슬리가 교회의 회원권과 영적 생명력을 동일시하지 않았다는 것을 분명히 해주기 때문이다. 사역 초기에 그는 회원권과 체험을 동일하게 여기는 사람들과 마주쳤다. "마음의 할례"(The Circumcision of Heart)나 "믿음으로 말미암는 구원"(Salvation by Faith)과 같은 설교는 돌밭에 떨어졌다. 그렇지만 웨슬리는 계속해서 성령이 "모든 영적 생활의 근원"임을 강조하였다.10)

웨슬리가 성령 충만의 필수적인 증표로 성령의 어떤 특별한 현상을 그리스도인이 성령으로 충만하다는 것을 증명하는 표로 주장하지 않았다는 것을 주목해야 한다. 그의 일기는 많은 특별한 (비일상적인) 현상을 기록하고 있다.11) 흥미롭게도 웨슬리는 이러한 사건들을 장려하려고도, 금지하려고도 하지 않았다. 그는 어떤 경험들은 거짓이라는 것을 알았으나 그래도 많은 경험들이 확실한 것임을 알았다. 시간이 지나면 어떤 것이 참된 것이고 어떤 것이 거짓인지를 알게 된다. 바쁜 사역의 일정 가운데 웨슬리는 청중들의 반응과 경험을 판단하는 일에 많은 시간을 보내고 싶지 않았던 것이다.

오늘날에는 은사 운동이 갱신되어 이런 점에서 성숙해졌다. 예전에는 다른 이들의 경험이 온전한가의 여부를 판단하는데 사람들이 거의 쇠진했던 것으로 보인다. 최근에는 강조점이 특별한 은사로부터 은사를 주시는 능력있는 수여자로 옮겨졌다. 웨슬리가 이 사실을 안다면 기뻐할 것이다. 하나님은 그의 경이(驚異)를 나타내시기 위하여 여러 방법으로 역사하신다는 것을 웨슬리는 알았다. 부흥운동이 가지는 역동성 중의 하나는 고정된 틀을 깨고 들어와 사람들을 개인적으로 다룬다는 것이다. 웨슬리는 성령으로 충만한 생활을 하도록 우리를 부를 것이나 어떤 모습으로 그러한 삶을 살고 있는가에 대하여는 판단하지 않을 것이다.

교회는 한 성령으로 살려진 몸이라고 말하면서, 웨슬리는 계속해서 교회는 한 주님, 한 믿음, 그리고 한 세례를 가지고 있다고 선언한다. 웨슬리에게서 그리스도의 주권은 그리스도인에게 가장 큰 기쁨이다. 그분의 주권 아래 살아가는 삶은 그리스도인에게 "그리스도와 함께 하늘에 앉아 있는"12) 것으로라야 묘사될 수 있는 놀라운 경험을 만들어 준다. 그러나 이것은 수동적 의미에서 앉아 있는 것이 아니다. 그리스도의 주권은 우리의 훈련된 복종을 요구한다. 이 것은 웨슬리가 은총의 수단을 강조한 이유이기도 하다. 개인적으로 나 공동적으로나 우리는 그리스도의 주권 아래 살도록 부름받았다. 어떠한 영역도 주님의 통제를 벗어날 수 없다.

교회가 "한 믿음"을 가지고 있다고 말할 때 웨슬리는 모든 사람 이 거기에 찬동해야 하는 오직 하나뿐인 교리를 의미한 것은 아니 다. 그의 신학적 입장은 로마 가톨릭, 루터교회, 개혁교회, 청교도, 그리고 영국국교회의 전통에 의존하고 있다.13) 이런 의미에서 감 리회는 신앙에 있어서 건전하고 관용적인 견해를 항상 인식하였다. 연합신도회에 들어갈 수 있는 가장 중요한 조건은 특별한 신학적 자세에 있지 않고, "다가올 진노를 피하려는 열망"에 있었다.14)

유감스럽게도 이 정신은 감리회원들이 신학적인데 무관심하다는 뜻으로 받아들여져 왔다. "만약 당신의 마음이 나의 마음과 같이 바 르다면 손을 나에게 내밀어라"고 말한 웨슬리의 말은 현대의 개방 된 다원주의를 지지하는 데에 잘못 사용되었다. 그러나 웨슬리를 이런 식으로 해석하는 것은 최소한 세 가지의 잘못을 범하고 있다. 첫째, 이러한 견해는 명성있는 웨슬리 학자들조차도 그가 고전적 정통을 입증하였다는 사실을 간과하고 있다.15) 둘째, 웨슬리 자신 이 당대의 무비판적 다원주의의 경향에 반대하는 입장에 섰던 것을 잊고 있다.16) 셋째, 이러한 견해는 교리와 의견의 차이를 흐리게 만들고 있다. 웨슬리가 그의 추종자들로 하여금 "관용의 정신"을 가 지라고 강조했을 때 본질적이지 않은 문제를 의미하고 있음이 그 문맥으로 보아 분명하다.17) 같은 설교에서 그는 "관용의 정신"과 개방된 다원주의를 동일시하는 자에게 말하고 있다:

진정한 관용의 정신을 가진 사람은 더 이상 그의 종교를 추구하지
않습니다. 그는 기독교 교리의 중요한 덕목에 대한 그의 판단에
있어서 태양처럼 견고합니다....그는 두 의견 사이에 망설이거나
그 둘을 섞어 하나로 만들려는 헛된 시도를 하지 않습니다.18)

이러한 사실은 웨슬리가 교회는 "한 믿음"을 가지고 있다고 말할
때, 그의 마음에 애매모호한 믿음의 개념을 가지고 있지 않았다는
것을 의미한다. 기독교의 근본 교리는 성서에서 출발되어 교회역사
의 처음 450년 동안 육성되었으며,19) 영국국교회의 종교에 관한
39개 조항(Thirty Nine Articles of Religion)에 기록되었다고
믿었다. 이것은 그가 영국내 초기 감리회를 위하여 또 다른 신조를
만들지 않았음을 알려 준다. 루퍼트 데이비스(Rupert Davies)는
이 점을 정확하게 잘 지적하였는데, "실용적인 사람이었던 웨슬리
는 다른 사람에 의하여 매우 훌륭히 설명된 것을 다시 설명하는데
시간을 보내지 않았다"고 하였다.20) 그가 고전적 정통성을 알았고
받아 들였다는 데에는 의심의 여지가 없다. 웨슬리가 다른 사람들
도 그렇게 하기를 원하였다는 것은 분명하며, 특별히 미국 감리회
원들과의 관계에 있어서 그러하였다. 미국 감리회원들이 분리된 교
파를 조직하려는 의도가 분명해졌을 때 웨슬리는 믿음의 내용에 관
하여 관심을 보였다. 그래서 그는 영국국교회의 39개 조항을 24개
조항으로 요약함으로써 새로운 교회가 받아들이기를 기대하였다.21)
웨슬리에게 있어서 신앙의 문제에 관한 진정한 질문은 내용이 아
니라, "믿음이 교회 안에서 어떻게 작용하는가?"였다. 어떤 이들에
게 믿음은 시험으로 작용한다. 사람들은 몸된 교회에 의해 주장된
믿음의 특별한 진술을 받아들일 경우에만 어떤 교회의 교제 가운데
로 받아들여 진다. 웨슬리에게 믿음은 일단 깨달음(awareness)이

었다. 앞에서 깨달음은 회개에 의해 규정되었다. 집단에 관한 교리는 믿음이 고백된 후에 주어지는 것이었다. 웨슬리는 믿음이 개념화되기 이전에 먼저 존재해야 한다는 전제 위에서 움직였다. 이러한 점에서 그는 초대교회의 모범을 따르고 있다고 생각했는데, 초대교회의 모범이란 신조를 믿음의 표현으로 여기며 믿음의 전제조건으로 여기지 않는 것이었다. 그는 또한 이러한 접근방법이 신조주의(creedalism)와 당시의 많은 집단들을 규정할 수 있는 "죽은 정통"(dead orthodoxy)에 대항할 수 있는 길이라고 생각하였다.

이 믿음은 "한 세례" 안에서 확립되었다. 신학적으로 말하자면, 웨슬리는 세례를 은총의 수여로 보았는데, 은총의 수여란 한 사람을 원죄의 죄책으로부터 씻고 또 믿음의 미래와 그리스도 안의 소망으로 향하는 길을 열어주는 것이다.[22] 그는 이것을 일회적 행동으로 보았을 뿐 아니라, 하나님이 몸된 교회에게 계속적으로 은총을 부여하시는 교회에 대한 증거로 보았다.[23] 웨슬리는 어떻게 이러한 일이 이루어지는가는 설명하지 않았다. 그는 신비를 신비 자체로 남길만큼 지혜로왔다. 그러나 그는 세례를 단순한 상징 이상의 것으로 보기를 원하였다. 웨슬리는 세례를 명백한 은총의 수단, 곧 세례받은 자의 삶 안에 행하시는 하나님의 순전한 행위로 보기를 원하였다.

이제까지 우리가 살펴본 대로, 웨슬리는 에베소서에 나오는 교회에 대한 바울의 비유를 매우 가깝게 따른다. 그는 이것을 "교회란 무엇인가?"의 질문에 대한 성서적 답변이라고 생각했다. 웨슬리는 바울의 진술이 영국국교회의 종교에 관한 19번 째의 신조와 조화를 이루고 있다고 믿었는데, 그 조항은 다음과 같다:

그리스도의 가시적(可視的) 교회는 믿음이 신실한 사람들로 이루

어진 회중인데, 그 안에 순수한 하나님의 말씀이 설교되고 성찬이
적절하게 베풀어진다.24)

웨슬리는 이러한 종류의 몸된 교회가 되기 위한 중요한 책임이
그 회원들에게 있음을 알았다. 이것은 그가 감리회의 신도회 성장
에 있어서 훈련을 중요시한 이유를 말해준다. 성서를 다시 사용하
면서 웨슬리는 이러한 과업들을 "우리를 부르신 소명의 소중함을
따라" 걷는 것과 동일시 하였다. 이것은 생각과 언행에서 *모든 경우
에* 그리스도를 높이는 태도로 행해야 함을 의미하였다. 특히 이것
은 겸손과 사랑의 정신을 받아들이는 것을 의미하는데, 화평의 줄
로 성령이 하나되게 하신 것을 위하여 애쓰는 것을 의미하였다.25)
웨슬리 자신의 표현이 그의 교회론을 가장 잘 요약하고 있다. 교
회는 그리스도가 오실 때까지 하나님 나라를 확장하기 위한 하나님
의 최우선적인 도구라는 사실을 인식하면서 웨슬리는 이렇게 기록
하였다:

그렇다면 교회의 참된 회원들에게 거룩하게 걸으며 모든 일에 비
난받지 말아야 함을 알게 합시다. '여러분은 세상의 빛입니다.' 여
러분은 '언덕 위에 세워진 도시'이며 따라서 '숨겨질 수 없습니다.'
오! '여러분의 빛을 사람들 앞에 비추십시오!' 여러분의 행실로 여
러분의 믿음을 보이십시오. 여러분의 모든 소망이 높은 곳에 놓여
져 있음을 대화에서 일관된 논조로 그들에게 보이십시오! 여러분
의 말과 행실로 하여금 여러분을 활력있게 만든 그 영을 증거하게
하십시오. 무엇보다도 사랑으로 감싸십시오. 어린아이에 이르기
까지 확장하십시오. 하나님의 자녀 한 사람 한 사람에게 흘러 넘
치게 하십시오. 이렇게 함으로 여러분이 누구의 제자인가를 모든
사람들에게 알리십시오. 왜냐하면 여러분은 '서로 사랑하기' 때문
입니다.26)

토의를 돕기 위한 질문

1. 영국국교회를 떠나지 않고 그 안에 머물려고 한 웨슬리의 결단은 오늘의 교회 갱신을 위한 노력에 어떤 빛을 비쳐주고 있습니까?

2. 교회를 인격적인 것으로 보는 웨슬리의 교회관의 기본 개념을 어떻게 생각합니까? 이 개념이 여러분에게 충격을 주었다면 그 이유는 무엇입니까?

3. 그리스도인의 경험을 분별하는 웨슬리의 방법이 우리에게 어떤 안내가 될 수 있습니까? 참된 경험인가 아닌가는 시간이 해결해 준다고 하는 생각은 만족할 만한 것인가요? 여기에 덧붙이고 싶은 또 다른 기준이 있다면 무엇입니까?

4. 다원주의 시대에서 개방된 정신과 분명한 정통을 동시에 소유하는 것은 쉽지 않다고 봅니다. 이 장에서 언급된 웨슬리의 강조는 오늘에 어떻게 적용될 수 있을까요? 여러분의 경험에 비추어 양자 가운데 어느 쪽을 더 강조해야 한다고 생각합니까? 개방된 정신입니까, 아니면 정통성의 수호입니까? 그렇다면 그 이유는 무엇입니까?

더 깊은 연구를 위하여

Sermon, "Of the Church", *Works*, 6:392-401.

Sermon, "On Schism", *Works*, 6:401-10.

Sermon, "On Attending the Church Service", *Works*, 6:174-85.

『웨슬리의 전집』 가운데 제 10권은 거의 전체를 할애하여 웨슬리의 교회관과 (그리스도의 더 큰 몸 안의) 초기 감리회 운동을 다루고 있다.

갱신 -- 웨슬리의 방법

교회사에 있어서 18 세기의 갱신기에 대한 새로운 조명은
오늘의 교회에서 우리가 직면하고 있는 필요에 대한 빛을
제공해 줄 것이다.

사무엘 에머릭 (Samuel Emerick)

10

갱신 -- 웨슬리의 방법

존 웨슬리는 종교개혁의 진정한 계승자였다. 그는 루터 및 칼빈과 함께 교회는 계속적으로 갱신되고 있다는 사실을 확증하여 주고 있다. 그는 감리회를 하나님이 18세기 교회에 부흥을 가져오기 위해 정하신 중요한 도구 가운데 하나라고 믿었다.1) 웨슬리는 교회 갱신을 위한 오늘날의 노력을 지지할 것이며, 웨슬리의 전통을 따르는 사람들이 그러한 관심에 있어서 가장 앞 자리에 나서 주기를 원할 것이 분명하다.

그렇지만 여기에 의문이 남는다. "어떠한 종류의 갱신을 우리는 추구하고 있는가? 우리가 바르게 가고 있다는 것을 어떻게 알 수 있을까?" 나는 교회 갱신과 관계된 많은 것을 웨슬리로부터 배울 수 있다고 확신한다.2) 이 책을 마치면서 나는 교회갱신에 관하여 몇 가지 원리를 제안하려고 하는데, 이것은 웨슬리의 사역과 초기 감리회 운동을 연구하는 가운데 생겨난 것이다. 나는 다음의 질문에 답해 보려고 한다. "웨슬리가 만약 오늘 살아 있다면 어떻게 교회를 갱신하려고 할까?"

첫째, 웨슬리는 모든 사람이 인격적으로 그리스도를 체험할 것을 강조할 것이다. 웨슬리가 그리스도 안에 있는 자신의 신앙의 중심을 보게 된 것은 심각한 갈등을 겪지 않고 된 일이 아니다. 올더스게이트에서 있었던 웨슬리의 마음이 뜨거워진 경험은 그의 인생에 삶의 목적을 일깨워 주었다. 믿음으로 말미암는 의는 감리회 부흥운동의 시금석(試金石)이 되었으며 웨슬리는 기회가 있을 때마다 이 주제를 설교하였다.3)

웨슬리는 인격적 신앙의 필요성을 스스로 믿었기에 이 신앙을 영국국교회의 회원된 사람들에게 역설하였다. 그렇지만 유감스럽게도 이 메시지에 귀를 기울여 주는 자들이 없었다. 하나님을 인격적으로 경험한다는 생각이 그들에게는 "열광주의"를 연상케 하는 것이었기 때문이었다.4) 따라서 강단에 서는 일이 그에게 금지 되기 시작하였다. 그러나 웨슬리는 성서적 진리라고 알고 있는 바를 타협하지 아니하고 계속하여 선포하였다. 그는 야외로 나가 "구원의 기쁜 소식"을 열린 마음으로 듣는 이들에게 설교하였다. 웨슬리의 부흥운동은 이러한 배경 가운데 시작되었으며, 그 부흥운동의 내용을 보증하여 주는 것은 바로 인격적 구원이었다.

인격적 구원이 오늘의 교회갱신을 위한 첫 번째 원리로 여전히 필요하다고 하는 사실은 특기할만한 일이 아닐지 모르겠다. 그러나 인격적 구원에 관한 메시지가 교회 안에서 지속되고 있지 못한 것이 오늘의 현실이다. 나는 지난 15년간 그리스도에게 인격적으로 헌신하라는 초청을 들었다는 평신도의 간증을 거의 들은 적이 없었다. 나는 그들 중 많은 사람들이 깨어있지 못한 태도로 설교를 들었음을 알게 되었지만, 그렇다고 그 문제는 쉽게 단념될 수 없었다. 너무나 많은 교회가 기독교에 대한 도덕적 견해로 고착되어 버렸는데, 그것은 근본적으로 그리스도 중심이라기 보다 인간 중심의 경향인 것이다. 좋은 사람이 되라거나 착한 일을 하라는 것을 강조하지만, 진정 그러한 삶을 이루어내기 위한 능력은 강조되지 못하였다. 이런 점에서 우리들은 웨슬리가 깨우려고 애썼던 당시의 잠자던 영국국교도들과 다를 바가 없다.5) 우리는 존 웨슬리가 온 힘을 다하여 그리스도에 대한 인격적 신앙을 설교하리라는 것을 확신할 수 있다.

둘째, 웨슬리는 그리스도인들을 강도 높은 훈련으로 이끌 것이다. 매우 실제적인 의미에서 그의 전 생애는 그리스도인의 훈련을 위한 모범이었다. 엡워드의 사제관에 머무르는 기간 동안 그에게 훈련의 기초가 형성되었다. 그 후 옥스포드 기간, 특히 1725년 이후, 그는 더 발전된 형태의 훈련된 생활을 하게 되었다. 조지아에서도 보통 사람은 감당하지 못할 정도로 강도 높은 훈련생활을 유지하였다. 아무튼 그의 일기는 웨슬리가 60년이 넘도록 놀랄만한 훈련의 삶을 살았다고 기록하고 있다.

웨슬리는 1778년에 "북미주에서 하나님의 역사" (The Work of God in North America)라는 흥미로운 제목의 설교를 하였다. 이 설교는 멀리 1736년까지 거슬러 올라가 미국 식민지에서 일어난 하나님의 섭리를 시대에 따른 다양한 활동과 연관시켜 보려는 시도였다. 이 설교에서 웨슬리는 조지 횟필드(George Whitefield)의 설교에 관하여 언급하고 있는데, 그는 미국의 제1차 대각성운동 (The First Great Awakening)에 공헌한 것으로 알려진 사람이다. 웨슬리는 이 복음전도자가 마지막으로 미국을 여행할 때 많은 사람이 멸망의 자리로 되돌아가 버린 것을 한탄하였음을 주목하였다. 웨슬리는 그들의 쇠락(衰落)의 원인을 이렇게 설명하였다:

당연하지 않습니까? 이것은 진실된 말로서 초대 교회에 있어서 상식화된 말입니다. '혼과 몸은 인간을 만들고, 영과 훈련은 그리스도인을 만듭니다.' 그러나 휫필드의 설교로부터 다소간에 영향 받은 사람들은 훈련을 전혀 받지 않고 있습니다. 그들에게는 훈련 의 자취도 없습니다. 그런 종류도 없습니다. 그들은 신도회를 형 성하지 않았습니다. 그들은 서로 상관관계가 없으며 서로의 영혼 을 살피는 것도 배우지 않았습니다. 따라서 그들이 미온적이 되거 나 죄에 빠지게 될 때 그들을 일으킬 아무런 힘이 없습니다. 그 사람들은 점점 더 가라앉을 것이며 결국은 지옥에 이르고 말 것 입니다. 누가 상관할 것입니까?6)

웨슬리의 글을 인용함에 있어서 이보다 더 통찰력이 넘치는 부분 도 없을 것이다. 웨슬리는 이 말을 통하여 그리스도인의 생활에 훈 련이 필요하다는 사실에 관해 그가 느낀 바를 분명하게 보여주고 있다. 그렇지만 이러한 태도는 "대강 사는 삶"이 중심 원리가 되어 "잘 정렬된 삶"을 대체해 버리는 우리의 시대에는 쉽게 오해될 여지 가 있다. 웨슬리의 생각을 강조하고 해석하기 위해 언급되어야 할 세 가지의 사실이 있다.

먼저는, 신학적인 것이다. 훈련이 필수적인 이유는 인간성이 "죄 를 짓는 쪽으로 구부러져 있기" 때문이다. 만약 우리가 "우리 자신 의 일을 하기" 위하여 그리고 〔시대의〕 "흐름에 따라 살기" 위하여 자신을 방치한다면 훈련하는 생활을 기피하게 될 것이다. 그리스도 인으로서의 성숙은 자동적으로 되는 것이 아니며 반드시 계발되어 야 한다. 훈련은 바로 그 계발을 위한 수단이다.

다음으로, 훈련에 대한 웨슬리의 강조는 편협하고 율법적이거나 열광적인 의미로 보아서는 안된다. 이러한 언급들은 지켜야 할 정 해진 행동의 규정을 추종자들에게 부과하는 영적 독재자가 필요하 다는 주장처럼 이해되기 쉬운데 그것은 잘못된 것이다. 웨슬리가 훈련을 먼저 원리와 관련하여 말하고 있다는 사실을 잊지 말아야 한다. 연합 신도회를 위한 규칙은 웨슬리가 성서적이며 초대교회의 실천과 일치한다고 믿는 원리에 기초하고 있다. 대부분 그는 그러한 원리들을 특수화시켜서 여러 신도회에 적용시켰다. 웨슬리가 추천한 특정한 훈련은 교회의 역사 가운데 훌륭히 시험된 것들이었다. 웨슬리의 훈련방법은 꾸며진 것이나 일시적 유행과 같은 것들이 아니었다. 우리는 웨슬리의 견해가 기본적 원리를 알 뿐 아니라 훈련된 생활의 최상의 표현도 아는 자비심 많은 영적 감독의 견해였다는 사실을 알아야 한다.

마지막으로, 웨슬리의 훈련은 포괄적인 것이었다. 그는 작은 일을 지나치게 강조하지 않았고 훈련생활의 세세한 일에 매달리지도 않았다. 웨슬리의 목표는 성결이었는데, 그는 이것을 "신앙의 충만"이라고 불렀다. 그 결과는 어떤 독특한 표현이 아니라, 하나님의 형상이 갱신되는 것이었다.7) 웨슬리는 이런 변화가 일어나게 하기 위하여 그리스도인이 하나님께 전적으로 헌신해야 한다고 말했다. 그는 각 개인이 성령과 협력하여 그러한 헌신을 구체적으로 이룬다고 믿었다. 훈련에 대한 웨슬리의 헌신이 이러한 빛으로 조명(照明)될 때, 그러한 정신이 오늘의 교회갱신의 중심에 있어야 하는 이유가 분명해진다.

세째, 웨슬리의 교회갱신을 위한 원리는 신자들을 그룹으로 묶는 것이다. 웨슬리는 선포를 통하여 하나님의 나라를 확장시키려 하였다. 동시에 그는 신도회를 통하여 하나님 나라를 성장시키려 하였다. 이러한 두 가지 활동은 초기 감리회 전도운동의 중심을 이루었다. 해가 거듭되면서 웨슬리는 그룹의 구조를 약화시키는 요소들이 있음을 목격하게 되었다. 그는 강한 어조로 이러한 것들에 대해 경

고하고 있다:

> 당신은 속회나 조 모임에 빠지지 말라. 어떤 공적인 모임에도 빠
> 지지 말라. 그 모임들은 바로 우리 신도회의 근육이다. 우리로 하
> 여금 이러한 것들을 지키지 못하도록 약화시키거나 약화시키려는
> 경향이 있는 것은 우리 공동체의 뿌리를 흔드는 것이다.... 기도
> 와 반성과 권면을 위하여 모이는 매주의 개인적 모임은 선포된 말
> 씀을 통하여 받은 축복을 유지하고 강화시키며 또 그것을 다른 사
> 람들에게 전달하는 중요한 수단이 되었다. 이러한 종교적 관계와
> 친교없이 단순히 설교에만 의존하는 대부분의 열정적인 노력도
> 지속적이지 못하는 무용한 것으로 판명되고 말았다.[8]

현대의 교회성장과 관련지어 볼 때 웨슬리는 그룹 사역의 잠재력을 인식하였다는 점에서 시대를 앞서 있었다. 그러나 그는 초기 기독교회의 원리에 기초하고 있었다.[9] 작은 그룹의 역동성에 관련된 현대적인 상관 관계를 찾기 위하여 웨슬리의 조와 속회와 신도회를 연구하는 사람은 누구든지 풍성한 연구 결과를 갖게 될 것이다.

어떻게 우리는 웨슬리의 강조를 서구 전통 가운데 있는 많은 교회들—협동사역을 교회학교와 공예배에만 제한하고 있는 교회들—과 일치시킬 수 있을까? 그것은 불가능하다. 관계성을 중요시하는 사역이 제대로 이루어지지 못했기에 교회가 영적 생명력을 잃어버리는 결과가 주어졌다. 하나님은 교회의 구성원들이 개별적으로 역할을 하도록 만들지 않으셨다. 의존성, 상호간의 책임, 그리고 협동적인 양육은 교회가 교회다워지는 핵심적인 것들이다. 물론 그룹의 경험도 형식적이 될 수 있으며 그 자체의 문제점을 가지고 있다. 그러나 지속되는 그리스도의 몸에서 그것을 생략해 버리는 것은 갱신

의 전통적 방식에 역행하는 것이며, 이 중요한 분야에 있어서 웨슬리의 정신을 잃어버리는 것이다.

넷째, 웨슬리는 성례전을 새롭게 평가하도록 우리를 부를 것이다. 앞서 본 바와 같이, 웨슬리는 성례전을 사람들에게 은총을 전달하기 위해 하나님이 제정한 제도적 수단으로 보았다. 세례와 주의 만찬에 관한 웨슬리의 견해는 그것들을 단순한 상징 이상의 자리로 끌어 올렸으며, 그것에 사람들의 삶을 변화시킬 수 있는 잠재력을 부여하였다.[10] 세례는 (비록 신생 혹은 중생과 동일시 할 수는 없지만) 원죄의 죄책을 씻어줄 은총을 전달하고 은총의 원리를 주입해 준다. 은총의 원리는 "오랫동안 지속되는 악에 의해 하나님의 성령을 소멸하지 아니하고는 전적으로 떠나가지 아니한다."[11] 주의 만찬은 "여러 가지 필요에 따라 선행하는 은총, 의롭게하는 은총, 성화시키는(sanctifying) 은총을" 전달하기 위해 하나님에 의해 제정되었다.[12]

성례전은 기독교의 객관성을 사람들에게 지속적으로 기억하게 하기 위한 중요한 방법이었다. 우리가 우리된 것은 은총으로 말미암은 것이지 우리들 자신으로부터 말미암은 것이 아니다. 성례전은 이 진리를 끊임없이 일깨워 주는 구실을 한다. 초기 감리회는 인격적 경험(회심, 확신, 성화, 등)을 강조하였기에 사람들 앞에 객관적 균형을 유지하도록 하는 것이 매우 중요하였다.

웨슬리가 우리를 "성례전적 갱신"으로 부르며 이러한 은총의 수단의 힘에 대해 새로운 비전을 가지도록 부르리라는 것은 확실하다. 성례전이 베풀어지는 모든 경우에, 특히 성찬식에 빠짐없이 출석할 것을 웨슬리는 우리에게 요구할 것이다. 그는 주의 만찬을 자주 집행해야 할 필요성을 회중들에게 역설할 것이다.[13] 웨슬리는 그동안 교회역사에 걸쳐서 이루어져 온 것처럼 지금도 성례전을 통한 갱신이 이루어지기를 하나님께서 바라신다는 사실을 우리가 믿기 원할 것이다.

교회갱신을 위한 다섯 번째 원리는, 그리스도가 모든 사람에게 제공되었다는 웨슬리의 강조이다. 웨슬리는 감리회 운동이 그 자신의 관심 사항에만 머물게 한 적이 없다. 그는 더 큰 교회와 국가의 필요를 항상 마음의 중심에 간직하였다. 감리회는 사회의 질병을 치료하기 위하여 하나님이 선택하신 한 길이라고 웨슬리는 믿었다. 런던에 있었던 파운더리(Foundery)에서의 다양한 사역은 온전한 복음(the whole gospel)을 향한 그의 관심을 잘 보여주고 있다. 이 곳에서 그는 설교와 제자사역을 행하였으며, 의료 시설과 책방을 운영하였고, 아이들을 위한 학교를 세웠으며, 과부들을 위한 보금자리를 제공하였다 (그들 중 한 사람은 그의 어머니였다). 웨슬리는 특별히 가난한 사람들에게 관심이 있었는데 영국의 귀족정치가 그들을 버렸다고 생각하였다.[14] 세계가 여전히 우리의 교구라는 사실을 잊지 말 것을 웨슬리가 우리에게 권고하고 있다는 사실에는 의심의 여지가 없다.

우리 시대에 사회적 관심은 여러 가지 이름 아래 진행되며 여러 다른 철학으로부터 자라나고 있다. 웨슬리의 사회적 공헌을 오늘의 사회개혁을 증진시키고 있는 이데올로기의 빛에 비추어 이해하는 것은 중요하다. 웨슬리의 사회적 관심이 전적으로 기독교 신앙에 뿌리하고 있다는 사실을 기억하는 것이 그를 이해하는 열쇠가 된다. 웨슬리는 타락한 인간을 효과적으로 구원하기 위하여 다양한 수단을 추구한, 근본적으로 열심있는 그리스도인이었다.[15] 이러한 이유로 웨슬리는 공산주의와 마르크스주의, 또는 중심에 무신론적 전제를 가진 어떤 다른 "--주의"를 지지하는데 사용되어서는 안된다. 그의 사회적 관심의 어떤 부분도 혁명적인 운동에 의해 지지되는 오늘날의 파괴적이고 폭력적인 표현과 동일시 될 수 없다. 웨슬리는 불의가 공존하는 사회에서 사역하였던 사랑과 자비의 힘이었다. 웨슬리의 부흥운동이 18세기 사회를 변화시키는 가장 위대한 힘이었다는 일부 역사가들의 증언은 기독교적 방법이 변혁을 불러일으키기에 정당하다는 확실한 증거가 된다. 그리스도교적 동기로부터 벗어난채 마치 목적이 수단을 정당화하는 것처럼 행동하는 어떤 운동도 의문시되어야 한다. 웨슬리는 우리에게 전 세계에 걸쳐서 온 사회 안에 있는 온전한 인간을 위해 사역할 것을 요구할 것이다. 그러나 이러한 사역은 그리스도의 이름과 정신에 뚜렷하게 부합하여야 한다는 것을 웨슬리는 언제나 강조할 것이다.

분명히 이러한 것들은 존 웨슬리의 생애와 사역 가운데 예증된 갱신을 위한 몇 가지 원리들에 불과하다. 이러한 원리들이 시간의 구애를 받지 않는다는 것을 나는 확신한다. 이들 원리들은 고대에나 현대에나 진정한 기독교의 중심에 서 있다. 만약 우리가 "감리교인"이라는 용어를 웨슬리가 사용했던 것과 비근한 의미로 사용하고자 한다면, 이 원리들을 무시해서는 안 될 것이다. 만약 우리가 이 원리들을 무시한다면 우리는 자신들을 감리교인이라고 여전히 부를지라도 우리의 창시자는 우리를 모른다고 할 것이다. 만약 우리가 이 원리들을 우리의 삶에 적용한다면 하나님은 우리를 축복하실 것이며 감리교라고 알려진 그분의 몸에 생명을 주실 것이다.

토의를 돕기 위한 질문

1. 이 장에 언급된 갱신의 전략 가운데 어떤 원리가 현재 여러분의 교회 상황에 가장 중요하다고 생각합니까? 그 이유는 무엇입니까?

2. 여러분의 교회가 가지고 있는 평신도 사역의 프로그램에는 어떤 것들이 있습니까?

3. 어떻게 오늘의 교회는 율법주의에 희생당하지 않으며 사람들을 훈련할 수 있습니까?

4. 여러분의 경험을 나눌 수 있는 상대로 다른 그리스도인 또는 다른 그리스도인 그룹을 갖는 것을 어떻게 생각합니까?

더 깊은 연구를 위하여

George Hunter, *The Contagious Congregation* (Nashville: Abingdon, 1979).

Albert Outler, *Evangelism in the Wesleyan Spirit* (Nashville: Tidings, 1971).

H. A. 스나이더, 『혁신적 교회갱신과 웨슬리』 조종남 역 (서울: 대한기독교출판사, 1986).

주

서 문

1. 이 책에서 "감리교인"이라는 말은 넓은 의미로 사용되고 있다. 이 말은 웨슬리의 전통에 뿌리를 두고 있는 모든 교파의 모든 사람에게 해당된다.

제 1장

1. 아직까지 웨슬리의 전기를 읽지 못했다면 한 번 읽어 볼 것을 권한다. 매우 유익한 경험이 될 것이다. 근자에 출판된 두 권의 전기를 소개한다: Stanley Ayling, *John Wesley* (New Yorks: Collins, 1979); Robert Tuttle, *John Wesley: His Life and Theology* (Grand Rapids: Zondervan, 1978).

2. Martin Schmidt, *John Wesley: A Theological Biography* (Nashville: Abingdon, 1962), 1:63.

3. Thomas Jackson ed., *The Works of John Wesley* (Grand Rapids: Baker, 1979), 1:98.

4. Jackson, *Works*, 11:366-67.

5. Erwin P. Rudolph, *The John Wesley Treasury* (Wheaton: Victor Books, 1979), p.11.

6. Jackson, *Works*, 8:3-247.

7. Jackson, *Works*, 7:248-388.

8. Ibid., 13:101.

9. 여기에 관계된 문제는 간단하지가 않다. 관련된 자료 중 내가 발견한 가장 훌륭한 해석은 프랑크 베이커(Frank Baker)의 것이다:

Frank Baker, *John Wesley and the Church of England* (Nashville: Abingdon, 1970).

10. Jackson, *Works*, 8:280.

11. 웨슬리의 교회 신학에 대하여는 제 9장에서 자세히 다룰 것이다.

12. 예를 들면, "믿음으로 말미암는 의", "신생", "신자의 회개", "온전한 성화" 등이다.

13. Jackson, *Works*, 1:232.

14. 웨슬리는 영국국교회의 종교의 조례와 설교집을 전적으로 받아들였으며 소중하게 다루었다. 실제로 그는 그 시대의 다른 자료들보다 이것들을 권위 있는 것으로 간주하였다. 그렇지만 웨슬리는 영국국교회의 신조와 설교가 성서적 진리를 반영하고 있다는 확신에 기초하여서 그렇게 한 것이다.

15. Jackson, *Works*, 5:78.

16. John Wesley, *Forty Four Sermons* (London: Epworth Press, 1944), p.vi. Cf. Jackson, *Works*, 5:3.

17. Jackson, *Works*, 5:2.

제 2장

1. John Telford (ed.), *The Letters of John Wesley* (London: Epworth Press, 1960), 3:34.

2. Jackson, *Works*, 9:339-53; 435.

3. Ibid., p. 435. 웨슬리는 Boston's *Fourfold State of Man* 으로부터 인용하고 있다.

4. John Wesley, *Explanatory Notes upon the New Testament* (Naperville, IL: Alec R. Allenson, 1966), p. 530 (Rom. 3:23).

5. 이것은 대부분 인간의 사랑이 자리하고 있는 기초가 된다. 하나님의 사랑의 놀라운 점은 되돌려 받을 것을 기대하지 않은 채 제공되었다는 것이다. 하나님은 돌아오는 사랑이 전혀 없을 때에도 사랑하셨다!

6. Telford, *Letters*, 6:327.

7. Ibid., p. 322.

8. Wesley, *Notes upon the New Testament*, p. 540 (Rom. 6:6).

9. 웨슬리는 "도덕적 형상"의 이해에 의와 진정한 성결을 포함하였다.

10. Jackson, *Works*, 6:272 (sermon: "The End of Christ's Coming").

11. Jackson, *Works*, p. 55 (sermon: "Original Sin").

12. Ibid., p. 68 (sermon: "The New Birth").

13. 찰스 웨슬리의 찬송시 "Love Divine All Love Excelling"으로부터 인용되었다.

14. Jackson, *Works*, 5:54 (sermon: "Justification by Faith").

15. Ibid., p. 26 (sermon: "Awake, Thou That Sleepest").

16. Ibid., pp. 82-84 (sermon: "The Way to the Kingdom").

17. Jackson, *Works*, p. 104 (sermon: "The Spirit of Bondage and the Spirit of Adoption").

제 3장

1. Jackson, *Works*, 6:511-13 (sermon: "On Working Out Our Own Salvation").

2. John Lawson, *Introduction to Christian Doctrine* (Wilmore, Kentucky: Asbury, 1980), p. 214.

3. Jackson, *Works*, 6:508.

4. Ibid., p. 511.

5. Ibid.

6. Ibid., p. 509.

7. Jackson, *Works*, p. 509.

8. Ibid., p. 511.

9. Jackson, *Works*, 5:443 (sermon: "The Original Nature, Property, and Use of the Law").

10. Ibid., 7:187 (sermon: "On Concience").

제 4장

1. Jackson, *Works*, 6:513 (sermon: "Working Out Our Own Salvation").

2. Ibid., 5:7 (sermon: "Salvation by Faith").

3. Wesley, *Notes upon the New Testament*, (Matt. 3:8).

4. Jackson, *Works*, 5:82 (sermon: "The Way to the Kingdom").

5. Ibid., p.81.

6. Jackson, *Works*, p. 83.

7. Jackson, *Works*, 5:241 (sermon: "The Lord Our Righteousness").

8. Telford, *Letters*, 2:268.

9. Jackson, *Works*, 5:85 (sermon: "The Way to the Kingdom").

10. Jackson, *Works*, 5:380 (sermon: "Sermon on the Mount-IX").

11. Jackson, *Works*, 5:137 (sermon: "The Witness of Our Own Spirit").

12. Ibid., 1:103 (Journal, May 24, 1738).

13. Telford, *Letters*, 6:297-98.

14. Jackson, *Works*, 5:220 (sermon:"The Marks of the New Birth").

15. Jackson, *Works*, 8:472. Cf. Telford, Letters, 2:268.

제 5장

1. Jackson, *Works*, 5:57 (sermon: "Justification by Faith").

2. Ibid.

3. Jackson, *Works*, 6:71 (sermon: "The New Birth").

4. Ibid.

5. Jackson, *Works*, 6:51 (sermon: "The Scripture Way of Salvation"). "의인에 뒤따르는"이라는 말은 웨슬리가 말하고자 하는 회개를 설명하기 위하여 덧붙여졌다.

6. Ibid., p. 50.

7. Jackson, *Works*, 5:227 (sermon: "The Great Privilege of Those Born of God").

8. Ibid., pp. 227-32.

9. Jackson, *Works*, 6:71-72 (sermon: "The New Birth").

10. Ibid., 10:203; 271-83.

제 6장

1. Telford, *Letters*, 2:91. Robert Tuttle의 책, *John Wesley: His Life and Theology* (Grand Rapids: Zondervan, 1979), pp. 199-211을 보면 웨슬리의 확신관에 관한 유익한 논의가 들어있다.

2. Jackson, *Works*, 5:117-23 (sermon: "The Witness of the Spirit").

3. Jackson, *Works*, p. 115.

4. Ibid.

5. Ibid., pp. 118-9.

6. Ibid., p. 120.

7. Jackson, *Works*, p.187 (sermon: "The Means of Grace").

8. Telford, *Letters*, 4:90.

9. Jackson, *Works*, 6:81 (sermon: "The Wilderness State").

10. 자신과 초기 감리회의 삶의 모습에 관한 웨슬리의 견해를 보려면 다음의 책을 참고하라: Telford, *Letters*, 4:299, Jackson, *Works*, vol. 11; 8:339-47.

11. *Explanatory Notes upon the New Testament*는 1755년에 출판되었으며, *Explanatory Notes upon the Old Testament*는 1765년에 뒤이어 출판되었다.

12. 웨슬리의 성찬론에 대한 훌륭한 책중의 하나로 John Bowmer 의 *The Sacrament of the Lord's Supper in Early Methodism* (London: Dacre Press, 1951)을 추천한다.

13. Jackson, *Works*, 5:344-60 (sermon: "Upon Our Lord's Sermon on the Mount, Sermon ⅩⅩⅦ").

14. Jackson, *Works*, 3:144.

15. Ibid.

16. Jackson, *Works*, 8:323-24.

제 7장

1. Telford, *Letters*, 8:238. 이 글은 웨슬리가 죽기 불과 1년 이전에 쓰여졌다는 것을 주목하는 것이 중요하다. 그는 일생동안 변치 아니하고 이 견해를 고수하였다.

2. Jackson, *Works*, 6:2-7 (sermon: "Christian Perfection").

3. Telford, *Letters*, 5:20.

4. Jackson, *Works*, 11:427.

5. Ibid., 6:5.

6. Ibid., 11:446.

7. Ibid.

8. 웨슬리는 여기서 과거의 전통에 의존하고 있는데 특별히 동방의 교부들 (예를 들면, Gregory of Nyssa로부터이다. 이 외에도 Thomas a Kempis, Juliana of Norwich, Francis Fenelon, Jeremy Taylor, William Law 등을 들 수 있는데, 이들은 기독교의 핵심을 의도와 동기에 둔다—흔히 이것을 "완전한 사랑"이라고 부른다—는 점에서 공통적이다.

9. Jackson, *Works*, 5:156-70 (sermon: "The Repentance of Believers").

10. Jackson, *Works*, pp. 223-33 (sermon: "The Great Privilege of Those That Are Born of God").

11. Ibid., p. 232.

12. Ibid.

13. Jackson, *Works*, 11:395-96.

14. Ibid., p. 432.

15. Jackson, *Works*, p .442.

16. Jackson, *Works*, 8:299.

17. Ibid., 4:83. 웨슬리는 이와 비슷한 감정을 그의 편지에도 나타내고 있다. 예를 들면, Telford, *Letters*, 4:321; 7:109.

18. Ibid., 6:73-77 (sermon: "The New Birth").

제 8장

1. Jackson, *Works*, 5:3.

2. Jackson, *Works*, p. 81.

3. Ibid., 7:230 (sermon: "What Is Man?").

4. Jackson, *Works*, 5:85 (sermon: "The Way to the Kingdom").

5. Jackson, *Works*, 6:382 (sermon: "Of Hell").

6. Ibid., 5:83.

7. Albert Outler, *John Wesley* (New York: Oxford Press, 1964), p. 163.

8. Jackson, *Works*, 6:295-96 (sermon: "The New Creation").

제 9장

1. Frank Bateman Stanger, "Christ is Building His Church," *The Herald*, vol. 94, no. 1 (1982): 18.

2. "이성적이고 종교적인 사람들에 대한 호소"와 "이성적이고 종교적인 사람들에 대한 더 나아간 호소"는 영국국교회 안에 위치한 감리회를 변호하려고 한 웨슬리의 가장 종합적인 시도이다. 다음 책을 보라: Jackson, *Works*, 8:1-247.

3. Outler, *John Wesley*, p. 172.

4. Jackson, *Works*, 6:392 (sermon: "Of the church").

5. Ibid., pp. 392-93. Cf. Outler, p.172.

6. Jackson, *Works*, p.394.

7. 이러한 영향에 관한 웨슬리의 가장 분명한 진술 가운데 하나가 "감리회원의 특성"(*Works*, 8:339-47)이다. 1747년의 총회록에도 비슷한 내용이 담겨있다(Outler, *John Wesley*, p. 172.).

8. Outler, *John Wesley*, p.173.

9. Jackson, *Works*, 6:394.

10. Ibid.

11. Jackson, *Works*, 1:187-97. 웨슬리가 야외 설교를 시작했던 처음의 두 달(April and May, 1739)은 이러한 현상들에 관한 좋은 예가 된다.

12. Jackson, *Works*, 6:394.

13. 여러 가지 전통들에 웨슬리가 의존하고 있다는 사실에 관한 가장 훌륭한 저술 가운데 하나는 Colin Williams, *John Wesley's Theology Today* (Nashville: Abingdon, 1960)이다.

14. John Wesley, *The Nature, Design, and General Rules of the United Societies* (Newcastle-Upon-Tyne: John Gooding on the Side, 1743), p. 5. Cf. Jackson, *Works*, 8:270.

15. Outler, *John Wesley*, p. 92. Cf. Williams, *John Wesley's Theology Today*, pp. 13-17.

16. 이 말을 18세기의 언어로 표현한다면 "사변적 광교회주의"(speculative latitudinarianism: 교의, 형식 등에 얽매이지 않는 영국국교회 안의 자유주의)이다.

17. Ibid., pp. 492-504 (sermon: "Catholic Spirit").

18. Ibid.

19. 특히 사도신경과 니케아 신조를 말한다.

20. Rupert Davies, *Methodism* (London: Epworth Press, 1963), p. 82.

21. 이 신조 조항들은 초기 감리교와 연관을 갖는 교파들의 Book of

Discipline에서 볼 수 있다. 예를 들면, 연합 감리교회(the United Methodist), 자유 감리교회(Free Methodist), 웨슬리안 감리교회 (Wesleyan Methodist), 나사렛 성결교회(Nazarene Church) 등이다.

22. Jackson, *Works*, 10:188-201.

23. Ibid., 6:395.

24. Ibid., p. 396.

25. Jackson, *Works*, pp. 398-99.

26. Ibid., pp. 400-401.

제 10장

1. Jackson, *Works*, 8:299.

2. Cf. Howard Snyder's *The Radical Wesley* (Downers Grove: Inter-Varsity, 1980).

3. Outler, *John Wesley*, p.197.

4. "열광주의"라는 말은 18세기에 부정적으로 쓰였던 용어로서, 우리가 쓰는 "광신주의"라는 말과 동의어라고 볼 수 있다.

5. 매우 효과적이었던 웨슬리의 설교 가운데 하나가 "잠자는 자들이여 일어나라"(Awake Thou That Sleepest) 이다. Cf. Jackson, *Works*, 5:25-36.

6. Jackson, *Works*, 7:411 (sermon: "The Work of God in North America").

7. Outler, *John Wesley*, p. 28.

8. Jackson, *Works*, 11:433.

9. Cf. 사도행전 2:46; 5:42, 로마서 16:5.

10. 두 개의 대표적 논문으로 다음의 것을 들 수 있다. "On Baptism" (*Works*, 10:188-201)과 "The Duty of Constant Communion" (7:147-57).

11. Jackson, *Works*, p.192.

12. Ibid., 1:280.

13. 초기 감리교에서 발견된 증거는 최소한 일주일에 한 번씩 성찬에 참석하도록 권장하고 있는 것으로 보인다.

14. Cf. Maldwyn Edwards, *John Wesley and the Eighteenth Century: A Study of His Social and Political Influence* (London: Epworth Press, 1955).

15. Cf. 7장, Henry Bett, *The Spirit of Methodism* (London: Epworth Press, 1937).

웨슬리 연구를 위한

기초 참고 문헌

웨슬리 연구를 위한
기 초 참 고 문 헌

아래의 제 1차 자료와 제 2차 자료는 웨슬리의 생애와 사상을 앞으로 더 공부하려는 사람들을 위하여 마련된 것이다. 이 가운데 제 1차 자료에는 잘 알려져 있는 웨슬리의 전집들이 포함되어 있다. 그 중 몇 가지 자료는 최근에 다시 출판되었기 때문에 구할 수 있다는 사실에 유념하기 바란다. 제 2차 자료는 각종 대학 및 신학대학, 큰 공공 도서관 그리고 기독교 서점 등에서 쉽게 구할 수 있는 자료들만 모아 놓았다. 그리고 각 자료마다 그 내용과 특성 등을 간단히 해설하여 놓았다. 대부분의 책에는 여러분을 더 깊은 연구로 이끌어 줄 유용한 참고문헌목록이 담겨져 있다. 이러한 자료들을 활용하여 여러분들이 웨슬리와 더욱 친밀하여 지기를 바란다.

제 1차 자료

Baker, Frank, ed. *The Works of John Wesley*. Oxford: Oxford University Press, 1976, 34 vols. 이것은 신결정판으로 아래에 있는 Jackson판 보다 우수하다. 하지만 한 번에 한 권씩 천천히 출판되고 있다.

Curnock, Nehemiah, ed. *The Journal of John Wesley*. London: Epworth, 1938, 8 vols. 이것은 웨슬리의 일기에 관한 표준판이다. 여기에는 Curnock이 옮겨 쓴, 출판된 적이 없는 웨슬리의 일기가 포함되어 있다.

Jackson, Thomas, ed. *The Works of John Wesley*. Grand

Rapids: Baker, 1979, 14 vols. 이것은 구할 수 있는 웨슬리의 전집 중 가장 훌륭한 전집이다. Oxford Press edition 〔Bicentennial Edition〕이 완간되기까지는 이 전집이 여전히 웨슬리 연구의 주요자료가 될 것이다.

Sugden, E. H., ed. *The Standard Sermons of John Wesley.* London: Epworth, 1956, 2 vols. 여기에 실려 있는 Sugden의 주해는, 감리교회의 교리적 표준으로 삼을 목적으로 웨슬리 자신이 선택한 설교들을 보다 잘 이해할 수 있도록 도움을 주고 있다.

Telford, John, ed. *The Letters of John Wesley.* London: Epworth, 1964, 8 vols. Oxford Press edition 가운데 웨슬리의 서간집 부분들이 완간되기 까지는, 역시 이 시리즈가 웨슬리의 편지들에 관한 가장 훌륭한 자료가 될 것이다.

Wesley, John. *Explanatory Notes upon the New Testament.* Grand Rapids: Baker 1982. 『존 웨슬리, 신약성서 주해』(존 웨슬리 총서 제 5, 6권) 서울: 웨슬레 사업회, 1976. 이 주해 노트는, 표준설교 및 신학 논문과 더불어, 감리교의 교리적 표준을 구성하고 있다.

________. *Explanatory Notes upon the Old Testament.* Salem, OH: Schmul 1975, 3 vols. 『존 웨슬리, 웨슬리 성서주해』 조종남 역. 서울: 기성 출판부, 1990. 이 책은 신약 및 구약 부분을 모두 담고 있다. 이 책은 초기 감리교도들을 위하여 성서 주해를 값싸게 제공하려고 했던 웨슬리의 의도를 그대로 이루어 내었다.

제 2차 자료

Ayling, Stanley. *John Wesley.* Nashville: Abingdon, 1979.

이 책은 그 자신은 감리교인이 아니었던 한 영국 전기작가에 의하여 집필되었다. 기본적으로 잘 집필되었으나 저자는 어떤 곳에서 웨슬리의 사상에 대한 이해의 부족을 드러내고 있다.

Cannon, William R. *The Theology of John Wesley*. Nashville: Abingdon, 1946. 『요한 웨슬리의 신학』 전종옥 역. 서울: 감리교 교육국, 1967. 이 책은 20세기에 나온 웨슬리의 신학에 관한 가장 훌륭한 저작물 가운데 하나이다.

Green, V. H. H. *The Young Mr. Wesley*. London: Edward Arnold, 1961. 출판된 저작물 중에 1725-34년의 웨슬리에 대하여 이 책보다 더 잘 기술하고 있는 책은 없다.

Mickey, Paul. *Essentials of Wesleyan Theology*. Grand Rapids: Zondervan, 1980. 『웨슬레 신학의 요점』 라영복 역. 서울: 대한 기독교 출판사, 1985. 이 책은 현대적 신앙 선언을 통하여 웨슬리의 신학을 기술하고 있다. 웨슬리를 고전적 개신교의 주류에 두고 루터 및 칼빈과 자주 비교하고 있다.

Outler, Albert. *John Wesley*. Oxford: Oxford University Press, 1964. 이 책은 웨슬리의 저술들을 발췌한 것인데, 아우틀러 박사의 뛰어난 몇 개의 논문들이 들어 있다.

________. *Theology in the Wesleyan Spirit*. Nashville: Discipleship Resources, 1975. 평신도를 위하여 집필된 책으로 웨슬리 신학의 중요한 교리적 주제를 다루고 있다.

Rowe, Kenneth, ed. *The Place of Wesley in the Christian Tradition*. Metuchen, NJ: Scarecrow Press, 1976. 웨슬리와 다른 전통과의 관계를 보여주고 있는 뛰어난 논문집이다. 웨슬리 연구를 위한 가장 훌륭한 참고문헌목록 가운데 하나를 가지고

있다.

Schmidt, Martin. *John Wesley: A Theological Biography*, 3 vols. Nashville: Abingdon, 1960.『존 웨슬리: 신학적 전기』제 1권. 김덕순, 김영선 공역. 서울: 은성출판사, 1997. 웨슬리의 생애와 신학에 관한 가장 훌륭하고 종합적인 저술 가운데 하나이다.

Tuttle, Robert. *John Wesley: His Life and Theology.* Grand Rapids: Zondervan, 1978. 이 책은 마치 웨슬리 자신이 말하고 있는 것처럼 일인칭을 사용하여 기술하고 있다.

Williams, Colin. *John Wesley's Theology Today.* Nashville: Abingdon, 1960.『존 웨슬리의 신학』이계준 역. 서울: 전망사, 1983. 웨슬리의 신학을 현대적으로 해석하고 있는 몇 안되는 훌륭한 저서 중 하나이다.

도서출판 세복의 발간도서

나는 어떻게 예수님을 만났는가?

홍성철 편집 / 신국판 / 328쪽 / 7,000원

각계 각층에서 그리스도의 향기를 진하게 풍기고 있는 21명의 신앙 고백을 담은 책으로 예수님을 만나 어떻게 갈등과 어려움을 극복하고 진정한 신앙에 이르렀는지 고백한다. 또한 각자의 분야에서 어떻게 살아가고 있는지를 말해준다. 우리는 이 책을 통하여 인생의 의미를 다시 한 번 깊이 조명해 보는 계기가 될 것이다.

성령의 충만을 받으라

존 T. 시먼즈 지음 / 홍성철 옮김 / 신국판 / 152쪽 / 4,000원

성령의 충만과 능력을 갈구하는 모든 기독인에게 그 방법을 단계적으로 제시한 명저이다. 성경에 근거하면서도 신학적으로 그리고 경험적으로 잘 정립하여 읽기 쉽고 알기 쉽게 기록된 이 저술은 성령 충만을 체험하며 또 그 체험을 다른 기독인에게 제시하기를 원하는 모든 기독인의 필독서이다.

성령 안에서 설교하라

데니스 F. 킨로 지음 / 홍성철 옮김 / 신국판 / 176쪽 / 4,500원

브랜다이스대학교에서 구약학(Ph.D.)을 전공하고 애스베리신학교에서 교수와 총장을 역임한 데니스 킨로 박사는 방법과 기교를 강조하는 현대 설교에서 성령의 임재를 다시 회복할 수 있는 설교의 원리와 방법을 분명하게 제시한다.

성령과 동행하라

스티븐 하퍼 지음 / 홍성철 옮김 / 신국판 / 224쪽 / 5,500원

기독교 영성의 대가인 스티븐 하퍼 박사는 기독교 영성이 무엇이며 또 어떻게 그 영성을 체험하고 유지할 수 있는지에 대하여 단계적으로 그리고 알기 쉽게 알려 주고 있다. 따라서 모든 기독인의 필독 도서가 될 것이다.

회심: 거듭남의 원리와 적용

홍성철 편집 / 신국판 / 224쪽 / 6,000원

기독교에서 가장 핵심적 교리인 "회심"의 문제점을 세 측면 곧 1)신학적, 2)경험적, 3)적용적으로 다루었다. 특히 이 분야의 권위자들이 다룬 총 9편의 글은 "회심"에 관심이 있는 기독인에게 새롭고도 깊은 안목을 제시힐 것이다.

타문화권 복음 전달의 원리와 적용

존 T. 시먼즈 지음 / 홍성철 옮김 / 신국판 / 352쪽 / 7,000원

인도와 애스베리신학교에서 오랫동안 선교 사역과 교수를 역임한 존 T. 시먼즈 박사의 명저이다. 이 책은 복음과 타종교와의 관계를 다루면서도 복음 전달의 원리와 방법을 깊게 다루어 복음 전달의 이론적 길잡이가 될 것이다.

잃어버린 퍼스날리티를 찾아서

최병전 지음 / 신국판 / 206쪽 / 5,000원

우리의 구원은 완성되었지만 인격은 아직 미완성이다. 구원은 받았지만 인격의 상처는 당신과 가정을 무너뜨리고, 교회에 문제를 일으키며, 또 사회를 황폐하게 한다. 이 저서는 이러한 문제를 진단하고 또 성경적으로 해결의 실마리를 제시하는 저서이다.

고난 중에도 기뻐하라

홍성철 지음 / 신국판 / 506쪽 / 10,000원

감옥이라는 어두운 정황 속에서 밝은 기쁨을 만끽한 바울 사도는 고난 중에도 기뻐할 수 있는 비결을 빌립보서에서 명쾌하게 제시하고 있다. 서울신학대학교 실천신학 교수인 홍성철 박사가 성경적으로 파헤치고 목회적으로 제시한 41편의 설교는 강해설교의 또 다른 이정표(里程標)가 될 것이다.

현대인을 위한 존 웨슬리의 메시지

스티븐 하퍼 지음 / 김석천 옮김 / 신국판 / 168쪽 / 5,000원

부정과 부패로 곪을대로 곪은 18세기의 영국을 변화시킨 존 웨슬리의 가르침은 미국의 석학이자 영성의 대가인 스티븐 하퍼의 재해석을 통하여 무기력과 어두움이 짙게 깔려 있는 현대의 한국 기독인들에게 다시 한 번 빛과 방향을 제시할 귀중한 저서이다.

영혼을 돌보는 목자

캐롤 와이즈, 존 힝클 지음 / 이기승 옮김 / 신국판 / 247쪽 / 6,500원

방향 감각을 잃고 영적으로 허우적거리는 그러나 어마어마한 잠재력을 가지고 있는 영혼들을 돌보고 성숙시키는 일만큼 귀한 사역은 없을 것이다. 이 저서는 이런 사역을 감당하고자 하는 목사, 전도사, 평신도 지도자, 구역장에게 그 내용과 방법을 제시한 알찬 길잡이 노릇을 할 것이다.

세계복음화문제연구소는 빌리 그래험 센터에서 출판한 기독교 고전 시리즈(전 16권)를 번역하여 출판하게 되었는데, 이 고전이 주는 영적 가르침은 시간을 초월하여 모든 독자에게 참된 경건과 거룩을 알려줄 것이다. 이 고전은 경건한 성자들의 글을 축소한 소책자로 그들의 삶과 사역은 우리로 하여금 예수 그리스도와 더 깊이 동행하게 도와주며, 그 결과 복음을 꼭 필요로 하는 이 세상에 전하도록 도전할 것이다.

기독교 고전 시리즈 (1-16권, 권당 1,500원)

1. 왜 하나님은 무디를 사용하셨는가
R. A.. 토레이 지음 / 홍성철 옮김

독자는 세계에서 가장 저명한 전도자 중 한 사람인 드와이트 무디의 생애를 통하여 감동을 받아 마음이 뜨거워질 것이다.

2. 보다 깊은 삶
로버트 머레이 맥체인 지음 / 구교환 옮김

독자는 로버트 머레이 맥체인의 그리스도를 높이는 생활, 편지 및 사역에 대하여 읽으면서 강권하시는 그리스도의 사랑에 감동받을 것이며 하나님을 더욱 사랑하게 될 것이다.

3. 하나님의 임재를 연습하라
로렌스 형제 지음 / 이소연 옮김

독자는 로렌스 형제가 하나님 앞에서 소박하게, 겸손하게, 믿음으로 그리고 사랑으로 행한 것처럼 행하는 비결을 배우며 하나님의 임재의 기쁨을 경험하게 될 것이다.

4. 성결
J. C. 라일 지음 / 서대인 옮김

100여년 전에 저술된 이 저서를 통하여 라일 감독은 우리를 둘러싸고 있는 세상에서 성별된 삶을 영위하라는 타당한 요구를 오늘도 우리에게 하며 독자는 성결한 삶을 추구하게 될 것이다.

5. 예수님을 위하여 선하게 증거하자
존 왓슨 지음 / 이대규 옮김

담겨져 있는 감동적인 스코틀랜드의 이야기들은 독자의 사역을 그리스도와 그분의 구속적 은총에 초점을 맞추게 하며 독자로 하여금 복음의 핵심을 선포하게 할 것이다.

6. 공격적인 기독교

캐더린 부스 지음 / 염동팔 옮김

독자는 구세군의 공동 창시자인 캐더린 부스의 그리스도에 대한 헌신과 그리스도의 복음을 다른 사람들에게 전하고자 하는 열정을 읽으며 감동을 받을 것이다.

7. 구령자를 위한 권면

호레시우스 보너 지음 / 최석원 옮김

호레시우스 보너는 독자에게 답답한 무기력을 떠나서 하나님의 능력을 드러내는 활력있는 삶으로 돌아오고 사역을 부흥시키라고 호소한다.

8. 불타는 사랑

블레즈 빠스칼 지음 / 곽춘희 옮김

독자는 세계적으로 갈채를 받은 과학자, 발명가, 심리학자, 철학자, 기독교 변증가인 블레즈 빠스칼의 글을 통하여 영감을 얻으며 더욱 더 헌신하게 될 것이다.

9. 행동하는 믿음

조지 뮬러 지음 / 송철웅 옮김

믿음과 응답된 기도로 특징지어진 조지 뮬러의 삶은 독자를 도전하며 격려할 것이다.

10. 하늘가는 마부

존 번연 지음 / 문정일 옮김

독자는 천국을 향하여 가는 순례자로서 존 번연의 글을 통하여 독자의 순례의 길을 바로 정할 수 있을 것이며, 영원토록 변치 않는 구원의 복음을 깊이 생각하게 될 것이다.

11. 성도다운 학자의 결단

조나단 에드워즈 지음 / 홍순우 옮김

독자는 미국의 지성과 신앙을 형성한 위대한 신앙인 조나단 에드워즈를 음미하면서 영적으로 감동을 받으며 더 깊은 경건 생활을 하게 될 것이다.

12. 설교자와 기도

E. M. 바운즈 지음 / 이혜숙 옮김

독자는 E. M. 바운즈의 높은 기도관을 읽으면서 그리고 기도로 하나님으로부터 능력을 얻어야 한다는 간청을 들으면서 기도 생활의 변화를 경험하게 될 것이다.

13. 성도의 영원한 안식

리차드 백스터 지음 / 이기승 옮김

하늘에 시민권을 둔 독자는 지상에서는 나그네이지만 리차드 백스터의 책을 통해 현재의
삶 속에서 천국의 삶을 영위하지 못한 것을 책망받으며 새로운 변화를 향한 도전을 받을 것이다.

14. 부흥의 법칙

제임스 번스 지음 / 문정선 옮김

부흥의 필요성과 긴박성이 무르익은 오늘에 제임스 번스는 하나님의 부흥의 법칙들을 예
리하게 제시하며 독자도 지금 부흥을 체험하기를 갈망하도록 도전한다.

15. 성경적 구원의 길

존 웨슬리 지음 / 박홍운 옮김

영국과 미국의 많은 영혼을 주님께로 돌아오게 한 존 웨슬리의 설교들을 통해 독자는 회
개, 믿음 및 성결을 명확히 깨닫고 믿는 자에게 구원을 주시는 복음의 능력을 전할 수 있을
것이다.

16. 친구여 들어보지 않겠소?

찰스 스펄전 지음 / 홍성철 옮김

독자가 기독교에 저항적이며 믿기를 주저하는 사람들에게 복음을 전할 때 어떠한 상황에
서도 그리스도만을 의지하여 복음을 전하라고 찰스 스펄전은 도전한다.

현대인을 위한

존 웨슬리의 메시지

지은이 · 스티븐 하퍼
옮긴이 · 김석천
발행인 · 홍성철
초판 1쇄 펴낸 날 · 1998년 1월 15일
초판 2쇄 펴낸 날 · 1998년 3월 25일
발행처 · 도서출판 세복
주소 · 서울특별시 종로구 낙원동 284-6 낙원빌딩 340호
　　　　T. (02) 659-5822, 747-3991
　　　　F. (02) 659-9669
등록번호 · 제1-1800호 (1994. 10. 29)

총판처 · 예영커뮤니케이션
　　　　T. 830-8566, F. 830-8567

ISBN　89-86424-25-6

가격 5,000원

ⓒ　도서출판 세 복